Jo-Jo

Lesebuch 2

Erarbeitet von

Katja Eder
Silke Fokken
Tanja Glatz
Manuela Hantschel
Nicola Kiwitt

Cornelsen

Das hilft dir beim Lesen im Jo-Jo Lesebuch

Vorn findest du das Inhaltsverzeichnis.

Hier ist eine Übersicht aller Kapitel.

Jedes Kapitel hat einen Namen und eine Farbe.

An den Seitenzahlen erkennst du, wo ein Kapitel anfängt.

Inhalt

Miteinander	6
Herbstwind	20
Tieren auf der Spur	32
Fantasie-Gestalten	46

Wie viele Kapitel sind blau?

Vier!

Unten auf den Seiten stehen wichtige Informationen:

das Zeichen für das Kapitel

die Seitenzahl

Hinweis für eine Aufgabe in der Textwerkstatt

16   S. 172 Textwerkstatt   Arbeitsheft Fördern, S. 4–9

Hinweis auf das Förderheft

Einige Texte stehen in zwei Spalten auf einer Buchseite.

Lies zuerst die linke Spalte.

Lies danach die rechte Spalte.

Sie überquert eine Straße und
hat schon wieder ein Problem.
Mitten auf dem kürzesten Weg
35 steht ein Haus.
Sie schaut nach oben.
Wie soll sie da hinaufkommen
und auf der anderen Seite
wieder hinunterkommen?

Sie rennt ins Haus
50 und durch die Hintertür
hinaus auf den Hof.
Danach muss sie noch
über den Zebrastreifen
und über den Spielplatz,
55 schon ist sie zu Hause.

Jeder Text hat eine Überschrift.
Hier fängst du an zu lesen.

Auf dem kürzesten Weg

Wenn du eine bestimmte Stelle
im Text suchst, hilft dir
die Zahl vor den Zeilen.

„Und heute Mittag
wird auf dem Heimweg
nicht gebummelt",
sagt Kims Mama.

Das ist die fünfte
Zeile des Textes.

5 „Du kommst
auf dem kürzesten Weg
nach Hause."

Längere Texte sind in Abschnitte
unterteilt. Nach jedem Abschnitt
ist eine Lücke. Hier kannst du
eine Lesepause machen.

„Ist gut, Mama", sagt Kim.
Obwohl sie sonst sehr gerne
10 bummelt, will sie Mamas

Abschnitt

Im Lesebuch sind Silben farbig markiert.
Das hilft dir beim Lesen längerer Wörter.

Salate

Zebrastreifen

Auch die wörtliche Rede ist oft farbig.
So erkennst du, wer etwas sagt.

Fragt der Lehrer: „Fritzchen, nenn
mir bitte fünf Tiere aus Afrika."
Sagt Fritzchen: „Zwei Löwen und
drei Elefanten."

Der Hund Jojo begleitet dich auf jeder
Schnupper-Seite. Hier kannst du schon sehen,
worum es im Kapitel geht.

Hier geht's
lang!

Schnupper-Seite: Miteinander

Das kann ich schon:
mich in Texten und
Büchern zurechtfinden

Inhalt

Miteinander

Klara schreibt mit blauer Tante

Im Land der rasenden Vokale,
da geht Klara in die Schale.

Im Walde hoppeln Osterhosen,
am Strand hört sie die Wolle tosen.

Und auf der Wiese, schau: Ein kleines Schief!
Sie schreibt mit blauer Tante einen Brief.

Ein Vokal ist ein Selbstlaut.

Der König setzt sich seine Kräne auf den Kopf,
die Oma deckt den Dackel auf den Topf.

Man isst gern Fischstübchen und wenn's heiß ist: Eis am Stuhl.
Man liegt in Badehasen dann am Swimmingpool.

Und Klara badet auch im kühlen Buch.
Am Freutag kommt die Tinte zu Besuch.

Text: Andrea Schomburg / Bilder: Kai Pannen

Schnupper-Seite: Miteinander

-Dose

-Meister

-Farben

Tafel

Tafelkreide

Tafelkreidelappen

Tafelkreidelappenhalter

Schulkinder

Kinderbuch

Buchregal

Regalbrett

Brettspiel

Spieldose

Ich gehe gerne in die Schule, weil ich meine Freunde sehe.

Aus i wird a!

Jonas geht in die Schule

 geht gern in die  .

Nur heute läuft alles schief.

Am  reißt ein ab.

Der  von der klemmt.

5 Am  kippt der  um.

Draußen am  steht schon 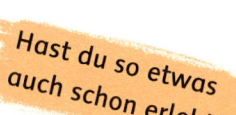 ,

seine Freundin.

Wie gut, dass 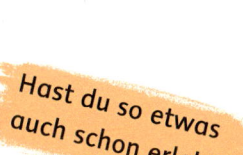 gewartet hat!

Rosemarie Künzler-Behncke

Das ist Jonas:

Das ist Anja:

Hast du so etwas auch schon erlebt?

TinteSchuleRanzenPauseTafelHefteStift

lesenrechnenmalenschreibenlaufenspielen

Guten Morgen, good morning

Gu-ten Mor-gen, gu-ten Mor-gen! Good mor-ning, good mor-ning!
Bue-nos di - as, bue-nos di - as! Buon gior - no, buon gior - no!

Musik und Text: mündlich überliefert

Günaydin

おはよう　ございます
(Ohayo gosaimassu)

Good morning

Доброе утро
(Dobroje utro)

Καλημέρα
(Kalimera)

Bonjour

Buon giorno

صباح الخير
(Sabah Al-khair)

Und was heißt
„Mein Name ist …"
in anderen Sprachen?

S. 184 Textwerkstatt

Abzählverse für die Pause

Eins, zwei, drei,
im Wasser schwimmt ein Hai.
Im Urwald liegen Schlangen
und du musst fangen.

1 2 3

Enzerle, zenzerle, zizerle, zäh,
Eichele, beichele, knell!

Ine, mine, mink, mank,
kling, klang,
Hose, pose, pakke di,
Eier, weier, wekk.

Französisch
1, 2, 3
un, deux, trois
toi et moi
moi et tu
perdu

Türkisch
O piti, piti
karamela sepeti
terazi lastik
jimnastik
son dersimiz matematik

Ella im Schwimmbad

„Wer von euch kann denn schon schwimmen?",
fragte unser Lehrer.
Da wollten wir ihm natürlich zeigen,
was wir können, und sprangen ins Wasser.

5 Gleich nach uns sprang der Lehrer ins Wasser
und rettete Timo, Pekka, Tiina und Heidi,
die noch gar nicht schwimmen konnten.

Wir wunderten uns, dass der Lehrer
in seinen Kleidern ins Becken kam.
10 Wir hatten natürlich alle unsere Badeanzüge
und Badehosen an. Nur Mika nicht.
Seine Badehose lag auf dem Grund des Beckens.
Er hatte vergessen, sie zuzuschnüren.

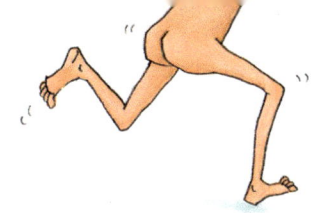

Wir hatten alle einen Riesenspaß.
15 Alle schrien ganz fürchterlich,
und wir spritzten unseren Lehrer nass.

Der Lehrer hatte das Schwimmen
schon gleich wieder satt und sagte,
wir sollten aber blitzschnell machen,
20 dass wir aus dem Wasser kommen.
Da versammelten wir uns um ihn herum.
Nur Mika nicht.
Der tauchte noch nach seiner Badehose.
Als unser Lehrer es sah, sprang er wieder ins Wasser.
25 Dabei hatte er immer noch seine Kleider an.

Wir machten uns echt Sorgen um ihn.

Timo Parvela

Wer liest die Ella-Geschichte vor? Lies nach auf Seite 148.

Zungenbrecher

Fünfzig flinke Füße flitzen.
Flitzen fünfzig Füße flink?

Mein Spitzer spitzt Stifte spielend spitz.
Spielend spitzt mein Spitzer Stifte spitz.

Peter packt pausenlos prima Pausenpakete.
Prima Pausenpakete packt Peter pausenlos.

Witze

Die Lehrerin erklärt:
„Italien ist ungefähr tausend Kilometer
von Deutschland entfernt."
Da meldet sich Lisa und meint:
„Und da behauptet Nino,
er würde aus Italien kommen.
Dabei kommt er jeden Tag
mit dem Fahrrad zur Schule."

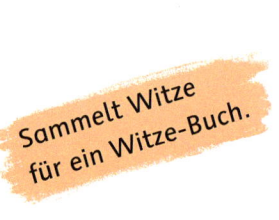

Sammelt Witze
für ein Witze-Buch.

Schule
1000 Km

Fragt der Lehrer: „Fritzchen, nenn
mir bitte fünf Tiere aus Afrika."
Sagt Fritzchen: „Zwei Löwen und
drei Elefanten."

Freunde

Freunde braucht man für tausend Sachen.

Freunde braucht man, um Quatsch zu machen.

Freunde sind da, heute und morgen.

Wer einen Freund hat, der hat halb so viel Sorgen.

Eine Freundin geht mit auf Abenteuer.

Zusammen verjagt man die Ungeheuer

und spielt gemeinsam Drachenschwanzjagen,

dann scheint die Sonne sogar an Regentagen.

Lea Hector

Alle Tage sind verschieden

Alle Tage sind verschieden.

Je nachdem, mal so, mal so.

Heute bin ich unzufrieden,

morgen bin ich wieder froh.

Frantz Wittkamp

Auf dem kürzesten Weg

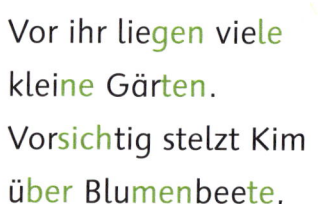

„Und heute Mittag
wird auf dem Heimweg
nicht gebummelt",
sagt Kims Mama.
5 „Du kommst
auf dem kürzesten Weg
nach Hause."

„Ist gut, Mama", sagt Kim.
Obwohl sie sonst sehr gerne
10 bummelt, will sie Mamas
Wunsch erfüllen.

Nach der letzten Stunde
verlässt Kim die Schule.
Sie geht nicht wie gewohnt
15 durch den Vorderausgang.

Kim rennt hinter der Schule
über den Bolzplatz,
geht die Böschung hinauf
und kriecht oben
20 durch das dichte Gebüsch.

Vor ihr liegen viele
kleine Gärten.
Vorsichtig stelzt Kim
über Blumenbeete,
25 kniehohe Zäune, Salate
und Kohlköpfe.

Sie klettert über eine leere
Hundehütte und schließlich
wieder über einen Bretterzaun.
30 Endlich hat Kim die Gärten
hinter sich.

Sie überquert eine Straße und
hat schon wieder ein Problem.
Mitten auf dem kürzesten Weg
35 steht ein Haus.
Sie schaut nach oben.
Wie soll sie da hinaufkommen
und auf der anderen Seite
wieder hinunterkommen?

40 Im selben Moment
kommt Sven aus dem Haus.
Sven geht in Kims Klasse.
„Darf ich mal kurz in
euer Haus?", fragt sie Sven.
45 „Ja klar, wieso?",
erwidert Sven.
„Erzähl ich dir morgen!",
ruft Kim.

Sie rennt ins Haus
50 und durch die Hintertür
hinaus auf den Hof.
Danach muss sie noch
über den Zebrastreifen
und über den Spielplatz,
55 schon ist sie zu Hause.

„Wieso kommst du
so spät?", fragt Mama
vorwurfsvoll.
„Aber Mama", sagt Kim,
60 „auf dem kürzesten Weg
geht es nicht schneller."

Werner Färber

Wie sieht dein
Schulweg aus?

Denni, Klara und das Haus Nr. 5

Als Klara am nächsten Tag aus der Schule kam,
saß Denni auf der Treppe und summte ein Lied.
Das kannte Klara schon von gestern.
Es klang schön und einfach. Einfach schön.
5 Es hatte nicht viele Töne und
ging immer wieder von vorne los.
Und dann nochmal.

Als Denni Klara sah, sprang er auf.
Seine Augen hüpften wieder vor Freude
10 in seinem Gesicht herum.
Klara dachte: Ja, sie können tanzen,
richtig tanzen.

Sie sprangen die Treppe hoch.
Denni wäre beinahe mit vollem Karacho
15 in Frau Miera gerast.
Die schrie laut „Huch!"
Denni strahlte Frau Miera an und
rief immer wieder „Huch! Huch! Huch!"

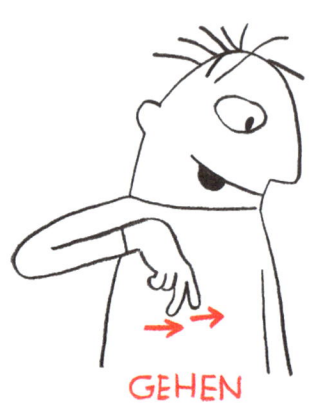

GEHEN

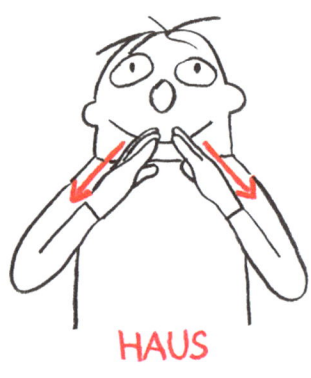

HAUS

MUSIK

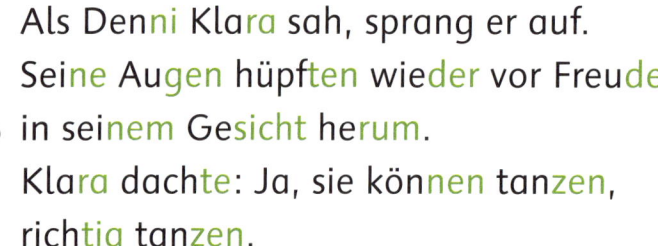

Man kann auch
ohne Worte
sprechen.

Als Denni gar nicht mehr
20 aufhören wollte HUCH zu rufen,
öffnete sich die Tür von Frau Schönegans.
Sie steckte ihr graues, spitzes Gesicht
durch den Spalt.
„So einer hat uns hier gerade noch gefehlt!"
25 Und dann schloss sie
mit einem lauten Knall die Tür.

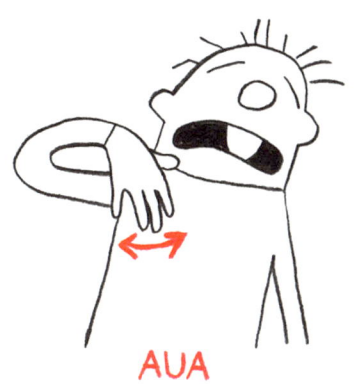

AUA

Frau Miera tippte sich an die Stirn und sagte:
„Was weiß die denn schon vom Leben?
Das Leben hat Platz für alle."
30 Das kapierte Klara nicht so richtig,
aber sie tippte sich auch an die Stirn
und Denni sofort auch.
Sie flüsterten alle drei
wie Verschwörer um Mitternacht:
35 „Das Leben hat Platz für alle."

Brigitte Werner

HELFEN

FERTIG

Das ist Willi.
Willi ist ein ganz besonderes Kind.
Ein bisschen so wie Denni.
Willi liebt das Leben.
Und das Leben liebt Willi zurück.

Birte Müller

Herbstwind

 S. 180 S. 191 Textwerkstatt

Nur ein kleines Samenkorn

Es ist Herbst.
Ein stürmischer Wind fegt die Samenkörner
einer großen roten Blume durch die Luft.
Weit bläst der Wind sie über das Land.
5 Aber da ist ein Samenkorn, das kleiner
und zarter ist als die anderen.
Was wird aus ihm?
Und wohin fliegen sie alle?

Als sie über das große Meer fliegen,
10 fällt eins ins Wasser und geht unter.
Auch das kleine Samenkorn ist schon
dicht über den Wellen.
Im letzten Augenblick packt es der Wind
und bläst es wieder hoch in die Luft.

15 Weiter und weiter fliegen die Samenkörner.
Unter ihnen liegt die Wüste in der Sonnenglut.
Eins fällt auf den heißen, trockenen Sand
und verdorrt. Das kleine Samenkorn ist müde
und wäre auch beinahe in die Wüste gefallen.
20 Aber der Wind trägt es wieder zu den andern
und pustet alle vor sich her.

Text und Bilder: Eric Carle

Spaß mit Laub

Das allerschönste Spiel im Herbst:
Laubhaufen bauen, Anlauf nehmen
und in den Haufen springen!

mit einem Satz über den Haufen

Und wer schafft es,   zu springen?

Die Blätter, die im Herbst von den Bäumen fallen,
sind kein Abfall! Die Natur verwandelt sie wieder
in Erde.
Je kleiner die Blätter sind, umso schneller geht das.
Wer also mit Anlauf in einen Laubhaufen springt,
zerbricht die Blätter dabei in kleine Teile und
hilft so der Natur.

Almuth Bartl

Aus **W** wird **K**!

An Halloween zu sagen

Wir sind die kleinen Geister
und essen gerne Kleister.
Und willst du uns nichts geben,
dann bleiben wir hier kleben!

Volksgut

Bauernregel für Kinder

Kommt ein Lehrer durch das Fenster,
glaubst du wieder an Gespenster.

Gerda Anger-Schmidt

Durch die Straßen auf und nieder

Durch die Straßen auf und nieder
leuchten die Laternen wieder:
rote, gelbe, grüne, blaue,
lieber Martin, komm und schaue!

Lieselotte Holzmeister

Textwerkstatt S. 180 S. 184 S. 189

Der Bärbeiß

Der Bärbeiß war froh, als der Sommer
vorüberging und die Blätter
allmählich bunt wurden.
Das Tingeli packte den Bärbeiß
5 an der Pfote und zog ihn
in den Garten, wo ein riesiger
selbst gebauter Drachen lag.
„Den habe ich selbst gebastelt!
Aus Stöcken und Stoff und Kordel.
10 Es hat Tage gedauert!"
„Was ist denn das für ein Fetzen?"
Der Bärbeiß beugte sich misstrauisch
über den prächtigen, leuchtend roten
Flugdrachen.
15 „Kennst du keine Drachen? Hast du
im Herbst noch nie Drachen steigen
lassen? Du hältst ihn hoch, und
der Wind packt ihn, und dann
tanzt er in der Luft."

20 Das Tingeli merkte, dass
der Bärbeiß keine Ahnung hatte,
wie Drachensteigen ging.
„Komm einfach mit, ich zeige es dir!"
Auf der Faultierwiese
25 blies eine kräftige Brise.

„Genau richtig für uns!", jubelte
das Tingeli und drückte dem Bärbeiß
den Drachen in die Hand.
„Also, ich nehme die Schnur, und
30 du hältst den Drachen in die Luft,
und wenn ich ,Jetzt!' schreie, lässt
du ihn fliegen, und dann geht es los."

Der Wind wurde immer heftiger und
das Tingeli merkte, wie die Schnur
35 in seiner Pfote sich straffte. Schon fing
der Drachen in Bärbeiß' Pfote an zu
zittern, er wollte losfliegen, und der
Bärbeiß konnte ihn kaum noch halten.
„Jetzt", schrie das Tingeli, so laut es
40 konnte, und der Bärbeiß ließ den
Drachen los wie eine heiße Kartoffel.
Der Drachen schoss sofort in die
Höhe, die Schnur straffte sich in
Tingelis Pfote, und mit einem Ruck
45 riss der Drachen es in die Luft …

Annette Pehnt

Wie sieht
wohl der Bärbeiß aus?
Und wie das Tingeli?

Male die beiden.

 S. 174 Textwerkstatt

Der Wind vor dem Richter

Richter: Wer hat was gegen den Wind zu klagen?

1. Kläger: Mir hat er ein Fenster entzweigeschlagen.
2. Kläger: Mich packte er wie ein Hund am Rock.
3. Kläger: Mir warf er vom Fenster einen Blumenstock.
4. Kläger: Mir zog er die Wäsche vom Seil auf den Rasen.
5. Kläger: Mir hat er die Zeitung vom Tisch geblasen.
6. Kläger: Mir hat er den Staub ins Gesicht geweht.
7. Kläger: Mir hat er den Regenschirm umgedreht.

Richter: Das sind ja böse Geschichten.
        Wer weiß nun was Gutes vom Wind zu berichten?

1. Zeuge: Mir wär ohne Wind noch kein Drachen gestiegen.
2. Zeuge: Auch ich kann ihn brauchen beim Segelfliegen.
3. Zeuge: Er trocknet die Wäsche und trocknet die Erde.
4. Zeuge: Er lenkt doch die Wolken wie der Hund seine Herde.
5. Zeuge: Er ist auch ganz lustig, wenn er spielt mit den Hüten.
6. Zeuge: Und macht er nicht fruchtbar Millionen von Blüten?

Richter: Man bringe den Angeklagten hierher,
        dann stelle er sich mal selber zur Wehr.

Diener: Herr Richter, ich suchte im ganzen Haus,
        ich glaube, er flog zum Schornstein hinaus.

Richter: Dann ist er freilich nicht mehr zu fassen.
        Wir wollen ihn weiterhin blasen lassen.

Oskar Dreher

Beschwerst du dich über den Wind oder lobst du ihn?

Windgedicht

Wirf ein Wort
in die Luft, der Wind
trägt es fort

Dann warte
bis der Wind sich dreht
und Antwort bringt

Hubert Schirneck

Gegen den Wind

Wer gegen den Wind
durch die Gegend geht,
dass der Sturm allen Ärger
aus ihm weht,

kehrt aus dem Gezerr
und Gebrüll und Gebraus
leichter und freier und froher
nach Haus.

Josef Guggenmos

Blättermonster-Bild

Du brauchst:
bunte Herbstblätter
Pappteller
Deckfarbe und Pinsel
Kleber

Sammle bunte Blätter in verschiedenen Farben
und Formen.
Zum Pressen legst du sie zwischen zwei
Zeitungsseiten oder zwischen Küchenkrepp.
Obenauf kommen dicke Bücher zum Beschweren.
Nach einigen Tagen sind die Blätter trocken und
du kannst mit ihnen basteln.

Male den Rand des Papptellers an. Das ist
der Rahmen von deinem Blättermonster-Bild.
Färbe dann den Hintergrund des Tellers
in einer anderen Farbe.

Wenn die Farbe getrocknet ist, klebe die Blätter
auf und gestalte mit verschiedenen Blättern
dein Blättermonster.

Uuuaaahhhh!

In der Nacht vom 31. Oktober auf den 1. November
ziehen gruselig verkleidete Kinder von Tür zu Tür.
Überall leuchten ausgehöhlte Kürbisse.
Es ist Halloween.
5 Die Gespenster, Hexen und Zauberer
sagen Sprüche auf, um Süßigkeiten zu bekommen.
Wer nichts gibt, dem wird ein Streich gespielt!

Der Brauch, sich am Halloween-Abend
schaurig zu verkleiden, ist in Irland entstanden.
10 Irische Auswanderer brachten ihn vor etwa 200 Jahren
in die USA. Erst seit etwa 20 Jahren wird Halloween
auch bei uns gefeiert.

Erna Hattendorf

Gruselett

Der Flügelflagel gaustert
durchs Wiruwaruwolz,
die rote Fingur plaustert,
und grausig gutzt der Golz.

Christian Morgenstern

Wer war Sankt Martin?

Martin lebte vor langer Zeit als Soldat in Frankreich.
An einem kalten Wintertag ritt er durch eine Stadt
und sah einen Bettler am Tor sitzen. Der Bettler
zitterte vor Kälte, da er keine warme Kleidung hatte.
5 Martin konnte dem Mann weder Geld noch Essen geben,
da er selber nichts hatte.
Aber er trug einen schönen Mantel.
Den teilte er mit seinem Schwert in zwei Teile
und legte die eine Hälfte dem zitternden Bettler
10 um die Schultern, damit er nicht mehr frieren musste.

Hermien Stellmacher

Warum gibt es Laternenumzüge?

Bald war Martin in der ganzen Gegend
wegen seiner Nächstenliebe und Hilfsbereitschaft
bekannt. Daher wollten die Menschen,
dass er ihr neuer Bischof wird. Aber Martin
5 war viel zu bescheiden und er versteckte sich
in einem Gänsestall. Die Leute suchten überall
nach ihm – als es dunkel wurde, auch mit Laternen.
Da fingen die Gänse so laut an zu schnattern,
dass man Martin fand.
10 Am 11. November im Jahr 394 wurde Martin
beerdigt, und zur Erinnerung an ihn ziehen Kinder
jedes Jahr an diesem Tag mit selbst gebastelten
Laternen durch die Straßen und singen Martinslieder.

Hermien Stellmacher

Das kleine Eichhörnchen

Das kleine Eichhörnchen
sammelt Vorräte
für den Winter.

Es vergräbt Eicheln
unter einem großen Stein.
Es versteckt Haselnüsse und
Bucheckern unter einer Wurzel.

Schließlich klettert das kleine
Eichhörnchen in die Baumkrone
hinauf. Fröhlich springt es
von Ast zu Ast …

… bis es müde ist und in sein Nest
aus Zweigen und Halmen
schlüpft.

In der Nacht kommt
der erste Schnee. Als
das kleine Eichhörnchen erwacht,
hat es großen Hunger.
Es schlüpft aus dem Nest.

Aber heute sieht alles ganz
fremd aus! Aufgeregt gräbt
das kleine Eichhörnchen
im Schnee.

Wo sind die Vorräte jetzt?
Da fegt ein Windstoß
die Schneehaube
von einem großen Stein.

Das hungrige Eichhörnchen
hat einen Teil seiner Vorräte
wiedergefunden.

Susanne Riha

Wie nennt man
das Nest
des Eichhörnchens?

 Das kann ich schon:
einen Sachtext verstehen
und Bilder nutzen

31

Tieren auf der Spur

 32

Der faule Kater Josef

Der faule Kater Josef war ein äußerst beschäftigter Kater.
Er verfolgte von früh bis spät einen Zeitplan,
an dessen Ende er stets restlos und völlig erschöpft war.

10.02 – 11.02 Uhr Aufwachen
11.03 – 11.30 Uhr Körperpflege 1
11.31 – 12.20 Uhr Frühstück
12.21 – 14.32 Uhr Verdauungsschläfchen

14.33 – 15.15 Uhr Bildungsprogramm
15.16 – 16.00 Uhr Gehirnentspannung
16.01 – 17.00 Uhr Mittagessen
17.01 – 17.30 Uhr Verdauungsschläfchen

17.31 – 17.35 Uhr Gymnastik
17.36 – 17.59 Uhr Körperpflege 2
18.00 – 19.00 Uhr Imbiss mit Kaffee und Kuchen
19.01 – 20.00 Uhr Bildungsprogramm

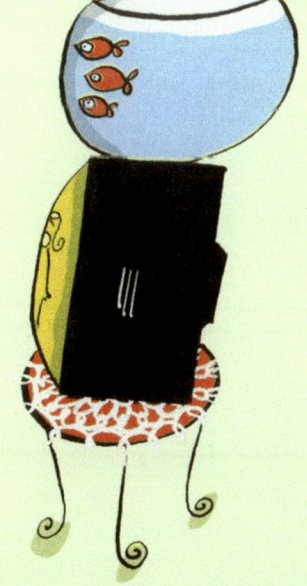

20.01 – 20.15 Uhr Aufräumen
20.16 – 21.15 Uhr Abendbrot
21.16 – 21.43 Uhr Körperpflege 3
21.44 – 22.45 Uhr Bildungsprogramm

22.46 – 00.15 Uhr Bildungsprogramm

0.16 Uhr   Schlafen

Text und Bilder: Franziska Biermann

Schnupper-Seite: Tieren auf der Spur

„Hallo, du!"

So begrüßen sich Katzen:

Sie reiben sich aneinander.

So begrüßen sich Hunde:

Sie beschnuppern sich.

Die Tiere erkennen sich am Geruch.

Garfield

Aus **a** wird **o**!

Mein Haustier

Ich wünschte,

ich hätte ein ganz besonderes Haustier,

ein Haustier, das sonst niemand hat.

Zum Beispiel ein Nashorn.

Ich glaube, ich würde es Nico nennen.

Nico, das Nashorn.

Raf

Und dein ganz besonderes Haustier?

Ist das dein Nashorn?

Dürfen wir es streicheln?

Ja, natürlich.

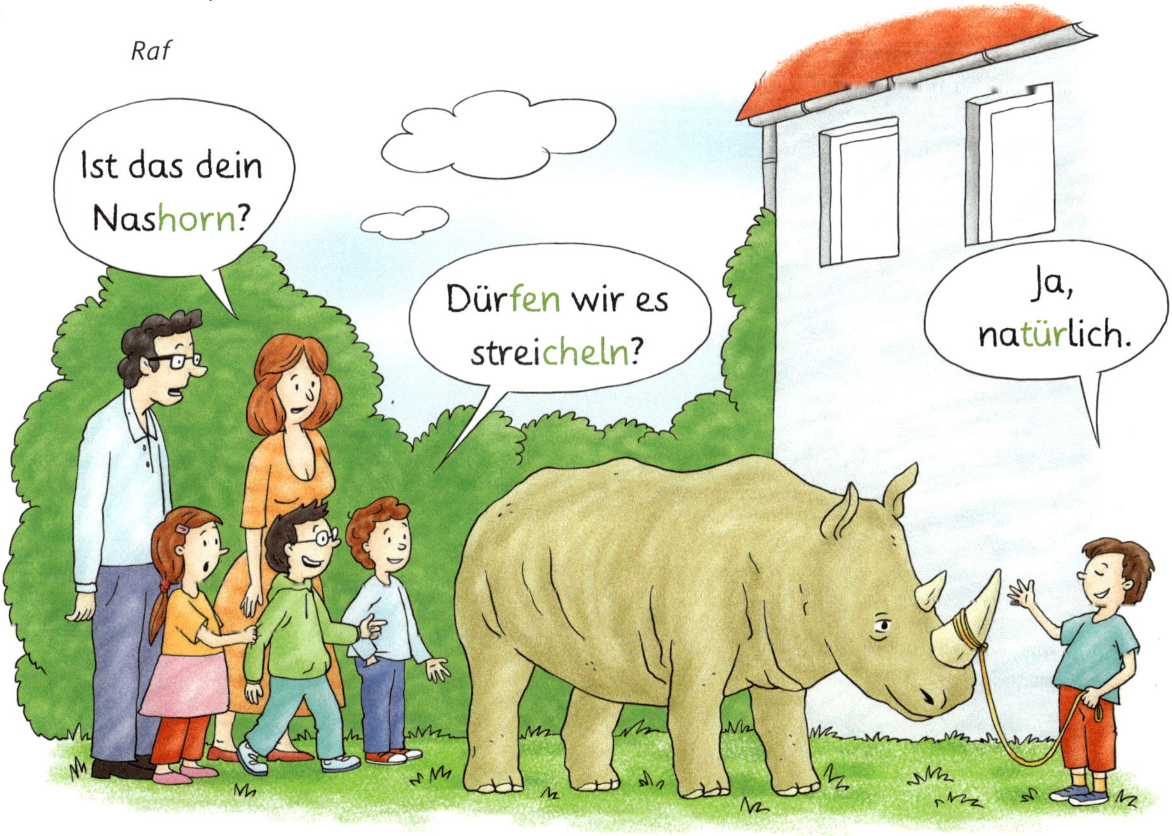

Welche Tiere sind hier versteckt?

FEIGLE   SAMU   DUHN

Hundesprache

Ein Hund, der in das Ausland geht,
darf gern die Schule schwänzen,
weil man ihn überall versteht.
Ein Hund kennt keine Grenzen.
5 „Du" heißt zum Beispiel englisch „you"
und italienisch heißt es „tu".
Ein Hund, der sagt nur: Wu!

Ach, ging's uns, wie's den Hunden geht,
das wäre so gemütlich,
10 weil jeder jeden dann versteht,
ob nördlich oder südlich.
Dann sagt der eine nicht mehr „du",
der andere „you", der Dritte „tu",
Nein, man sagt einfach: Wu!

James Krüss

Das tierische Wörterbuch

Dass die vielen Menschen rund um den Erdball
verschiedene Sprachen sprechen, weißt du sicher.
Wie aber ist das bei den Tieren?

Der Hund bellt: WAU
Finnisch: HAU
Polnisch: CHAU

Die Katze miaut: MIAU
Malaysisch: NGIAU
Lettisch: NAU

Der Vogel zwitschert: TSCHIRP
Bosnisch: ČIV
Rumänisch: CIRIP

Der Esel schreit: IA IA
Slowenisch: IAA
Portugiesisch: IÒ

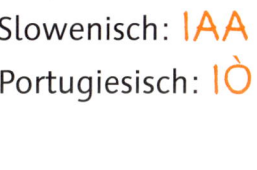

Das Pferd wiehert: IHAHA
Arabisch: صهيل (SAHIIL)
Dänisch: VRINSK

Und wer macht so?

Französisch: COCORICO
Schwedisch: KUCKELIKU
Isländisch: GAGG-A-LA-GÙ

Lila Prap

Balaban, der Hund

Familie Neumann beschließt, sich einen Hund zuzulegen.

Ich stellte mir vor, wie ein großer, wunderschöner Hund
uns mit weisen Augen anschauen würde.
„Es wird aber einer aus dem Tierheim genommen",
5 sagte Mutter.
„Er ist sicher viel gehorsamer als ein gekaufter Hund.
Er wird uns vor lauter Dankbarkeit mindestens einmal täglich
die Pantoffeln bringen."

Am nächsten Freitag fuhren wir zum Tierheim.
10 Es gab alle Hunde, die man sich vorstellen kann, zur Auswahl.
Große und kleine, weiße, schwarze, junge und alte.
Am Ende eines Ganges stand ein mittelgroßer, schwarzer Hund
und schaute uns streng an. Nicht traurig, sondern streng.
„Naja", sagte die Tierheimleiterin. „Ich denke, Balaban
15 passt in keine Familie, weil er einem alleinstehenden Mann
gehört hat."

„Oh", sagte unsere Mutter. „Das wäre doch etwas für uns.
Ein dankbarer, verwaister Hund."
Der Hund hob die eine Ecke seines Mauls und ließ kurz
20 die Zähne aufblitzen. Der Hund grinste mich an.
Zufrieden und dreist zugleich.

Als wir vom Tierheim nach Hause kamen,
sagte Mutter mit feierlicher Stimme:
„Na, du liebes Hündchen, hier ist dein neues Zuhause."

25 Sie schaffte es aber nicht einmal, das Wort ZUHAUSE
auszusprechen, weil sich das liebe Hündchen schlagartig
in einen Kugelblitz verwandelte und durch unser Haus schoss.

Alle Gegenstände, die sich in der Höhe seines Schwanzes
befanden, wurden weggefegt. Mehrere CDs wirbelten
30 wie Geschosse quer durch das Wohnzimmer.
Nur die hässliche Vase von Tante Lena blieb heil.
Danach legte sich Balaban erschöpft auf den Boden.

Logisch, dass er am Abend das Schlafzimmer meiner Eltern
mitbenutzen wollte. Balaban legte sich auf den Boden
35 vor Vaters Bett – wie ein zotteliger Bettvorleger.
Vater musste deswegen vom Fußende in sein Bett kriechen,
was ziemlich unbequem war.

Mutter behauptete, sie habe Balaban hinausschmeißen müssen,
weil er so laut geschnarcht habe.
40 Vater betonte: Balaban sei freiwillig gegangen,
als der Wecker klingelte. Was Vater nicht erzählte:
Balaban hatte ihm das Kopfkissen geklaut,
um nicht so hart liegen zu müssen.

Sheila Och

Kakadu und Papagei

Herr Kakadu Herr Papagei
die stritten sich um u und ei
sie hackten sich und packten sich
und flatterten und schnatterten:
5   du Papagu!
du Kakadei!
    du Geipaka!
du Dupaga!
    du Geipudu!
10 du Dukapa!
    du Dupagei!
du Pakadu!
    du Geipaka!
du Dupadu!
15   du Pakapa!
du Geidudu!
am Ende waren sie abgehetzt
und beide schauten tief entsetzt
das u das beulte sich zum o
20 das ei war platter als ein au
in Zukunft stritt Herr Kakado
sich nie mehr mit Herrn Papagau

Jan Koneffke

Eins - zwei - drei - vier!

Vier Beine hat fast jedes Tier:
Hunde, Katzen, Affen,
Eulen und Giraffen,
Hasen, Bären, Stubenfliegen,
Mäuse, Elefanten, Ziegen,
Schweine, Wale, Elche:
Drei davon sind falsch – sag, welche?

Christine Brand

Fragen aus der Tierwelt

Heulen Eulen?

Lachen Drachen?

Tanzen Wanzen?

Schlecken Schnecken?

Grasen Hasen?

Schwatzen Katzen?

Flöten Kröten?

Uwe Kunz

Fliegen nach.

fliegen Fliegen

hinter Fliegen fliegen,

Wenn Fliegen

Josef Schaf will auch einen Menschen

„Natürlich kriegst du keinen Menschen", sagt Papa Schaf beim Mittagessen.

„Das haben wir dir schon tausendmal
5   gesagt. Aus. Punkt, Schluss."

„In meiner Klasse haben alle einen!", sagt Josef Schaf böse. „Alle! Immer darf nur ich nichts!"

„Man redet nicht mit vollem Mund",
10   sagt Mama Schaf ganz lieb.

„Du weißt doch, dass Papa und ich nichts von Hausmenschen halten. Es ist Menschenquälerei!"

Aber als sie abends vor dem Schlafen
15   über die Heide zockeln, einfach nur so, versucht Josef es noch mal.

„Nur einen ganz, ganz kleinen, Mama?", fragt er. „Ich mach auch bestimmt immer den Käfig sauber!"
20   „Nein heißt nein!", sagt Papa Schaf wieder streng, aber dann trifft er Herrn Hase, und da sind Mama und Josef allein.

„Nur einen klitzeklitzekleinen?",
25   flüstert Josef. „Wo doch bald Geburtstag ist! Ich vergess auch bestimmt nie, ihn zu füttern. "

„Das ist für so einen Menschen doch nicht schön, Liebes", sagt Mama.
30   „Immer im Käfig."

„Ich spiel ja mit ihm!", sagt Josef Schaf. „Bitte, Mama, bitte!"

Wer ist an der Leine?

Und dann kriegt Josef zum Geburtstag
doch noch einen Menschen!
35 Einen ganz, ganz kleinen Weißen
kriegt er, der hat einen Anzug an
und einen Hut auf dem Kopf:
„Er heißt Purzel", sagt Papa Schaf
und räuspert sich.

40 Von jetzt an hat Josef viel zu tun.
Immer wenn er nach den
Hausaufgaben spielen gehen will,
fragt Mama:
„Hast du schon deinen Menschen
45 gefüttert?"
Und manchmal sagt sie auch:
„Der Käfig müsste aber wirklich mal
wieder sauber gemacht werden!"

Und wenn das Wetter schön ist,
50 will sie, dass Josef den Kleinen
aus seinem Käfig holt.
„Der möchte sich doch auch mal
austoben!", sagt Mama Schaf.

Aber leider hat Josef gar nicht gewusst,
55 wie wild sein Mensch sein kann!
Er flitzt blitzschnell unter einen Busch,
und als Josef ruft, dass er da aber mal
gefälligst sofort wieder rauskommen
soll, denkt Purzel gar nicht daran …

Text: Kirsten Boie / Bilder: Philip Waechter

„Bitte streicheln!"

Es gibt regelrechte Schmusehunde.
Sie kuscheln sich an dich oder
legen sich vor dir auf den Rücken.
„Ich bin so lieb. Streichle mich!",
5   soll das heißen.
Sie drehen sich so, dass du an jede
ihrer Lieblingsstellen drankommst.
Die sind bei jedem Hund woanders.
Ausprobieren!

10 Katzen lassen sich von einem
Menschen, dem sie vertrauen,
gerne streicheln – wenn sie
in Stimmung dafür sind.
Das zeigen sie dir deutlich:
15 Sie umschmeicheln dich und
werden zudringlich. Sie maunzen
oder schnurren.

Das Meerschweinchen macht
ganz seltsame Geräusche,
20 es klingt wie eine
tuckernde Nähmaschine.
Das Tuckern ist ein
Wohlfühl-Geräusch.
„Ja, mach weiter", heißt das,
25 wenn du das Schweinchen
gerade streichelst.

„Jetzt langt's."
Das meint ein Kaninchen oder
Meerschweinchen, wenn es
30 deine Streichelhand wegstupst.

Irgendwann möchte jedes Tier
wieder seinen eignen Geschäften
nachgehen.

Monika Lange

Welches Tier passt zu mir?

Wer sich ein Tier anschaffen möchte, muss prüfen,
ob er genügend Geld, Platz und Zeit hat.

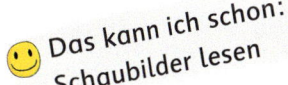
Wellensittich
Lebenserwartung:
etwa 10 bis 12 Jahre

Zeitfaktor:

Platzfaktor:

Geldfaktor:

Kuschelfaktor:

Schildkröte
Lebenserwartung:
etwa 70 bis 80 Jahre

Zeitfaktor:

Platzfaktor:

Geldfaktor:

Kuschelfaktor:

Wüstenrennmaus
Lebenserwartung:
etwa 2 bis 3 Jahre

Zeitfaktor:

Platzfaktor:

Geldfaktor:

Kuschelfaktor:

Hund
Lebenserwartung:
etwa 12 bis 16 Jahre

Zeitfaktor:

Platzfaktor:

Geldfaktor:

Kuschelfaktor:

Fische
Lebenserwartung:
abhängig von der Art

Zeitfaktor:

Platzfaktor:

Geldfaktor:

Kuschelfaktor:

Katze
Lebenserwartung:
etwa 10 bis 14 Jahre

Zeitfaktor:

Platzfaktor:

Geldfaktor:

Kuschelfaktor:

Fantasie-Gestalten

Nils Holgersson

Eine halbe Ewigkeit starrte Nils
in den Spiegel und hoffte, dass
das alles nur ein böser Traum war.
Bestimmt würde der Zauber
5 sogleich verschwinden, und er
würde wieder ein großer Junge
sein, so wie vorher.

Auf dem Hof pickten die Hühner
eifrig nach Regenwürmern.
10 Der farbenprächtige Hahn
stolzierte munter zwischen
ihnen herum.
Als er den kleinen Nils entdeckte,
stieß er ein ohrenbetäubendes
15 „Kikeriki!" aus.
„Der schlimme Junge ist ein
Däumling geworden", krächzte er
außer sich vor Freude.

„Das geschieht ihm recht.
20 Er hat mich immer an meinem
Kamm gezogen."

„Gagaga. Jawohl. Gagagagaga.
Das geschieht ihm ganz recht",
gackerten die Hühner
25 schadenfroh.

Nils kletterte auf das breite
Steinmäuerchen. Während er
darüber grübelte, dass er
das unglücklichste Geschöpf
30 auf der ganzen Erde war,
hörte er lautes Geschnatter.
Scharen von Wildgänsen flogen
hoch über seinem Kopf.
„Jetzt geht es in die hohen Berge!",
35 riefen sie sich fröhlich zu.

Und als sie die zahmen Hausgänse
auf dem Hof erblickten,
schnatterten sie:
„Kommt mit, kommt mit.“
40 Die Hausgänse sagten artig:
„Es geht uns hier gut.
Es geht uns hier gut.“
Nur ein einziger, ganz junger
Gänserich namens Martin rief:
45 „Wartet, wartet auf mich.“

Wenn der Gänserich wegfliegt,
sind die Eltern bestimmt böse,
dachte Nils.
Er sprang von dem Mäuerchen.
50 „Halt, Martin!“, befahl er. Furchtlos
rannte er in die Gänseschar hinein
und klammerte sich am Hals
des Gänserichs fest.
Aber gerade in diesem Moment
55 hatte Martin herausgefunden,
wie er vom Boden abheben konnte.

Es ging beinahe kerzengerade
in den Himmel. So schnell, dass Nils
ganz schwindlig davon wurde.

60 Noch nie war er so schnell
vorwärtsgekommen.
Sein Herz wurde leicht.
Es kam ihm vor, als würde er
vor seinen ganzen Sorgen
65 davonfliegen.
Und das machte ihm riesigen Spaß.

Text: Selma Lagerlöf,
nacherzählt von Usch Luhn
Bilder: Joëlle Tourlonais

Für Nils und Martin beginnt
eine aufregende Zeit …

Schnupper-Seite: Fantasie-Gestalten

Nils Holgersson

Mir ist egal, ob ich wieder
ein Mensch werde.
Ich möchte mit den Wildgänsen
nach Lappland.

Die kleine Hexe

Ich habe immer
nur Gutes gehext.
Heia, Walpurgisnacht!

Was zauberst du aus diesen Silben?

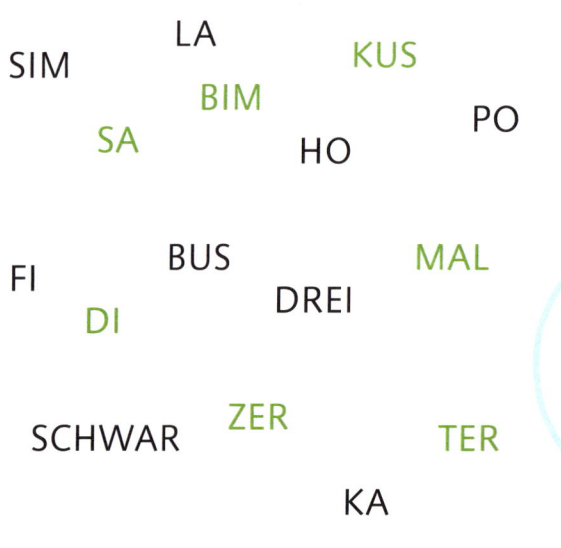

SIM
LA
KUS
BIM
SA
HO
PO
KUS

FI
BUS
MAL
DI
DREI

SCHWAR
ZER
TER
KA

Zehn zahme Flöhe
sprangen in die Höhe,
sprangen auch ums Eck
und du bist weg.

Lösung S. 207

"Knabberstangen,

Klapperschlangen,

Blumenvasen,

Teppichrasen,

5 Möbelbeine,

Mauersteine,

Jackenkragen,

Kinderwagen,

Taschentuch und Hut

10 schmecken mir so gut."

Paul Maar

Das Sams

Dreizehn Drachen

Vor dem Kamin stehn dreizehn Drachen,

um dort ein Feuer zu entfachen.

Immer geht das Feuer aus.

Nach Stunden finden sie heraus,

dass einer anders ist als alle:

Er spuckt Wasser und heißt Kalle!

Andreas Röckener

Aus k wird l!

Wolkenkratzer

Ulf K.

Sprungfeder-Jack

Sprungfeder-Jack
Sprang auf und ab
Und hielt die ganze
Stadt auf Trab.

5 Er hatte zwei Federn
An den Sohlen
Und war einfach
Nicht einzuholen.

Beim ersten Mal
10 Sprang er hoch genug,
Dass Donner
Aus den Wolken schlug.

Beim zweiten Mal
War's nicht geheuer!
15 Im Nordwind fing
Sein Mantel Feuer.

Beim dritten Mal
Ein Adlerpaar
Baute sich ein Nest
20 Mit seinem Haar.

Doch beim letzten Mal
Sprang Sprungfeder-Jack
Bis hoch auf den Mond
Und war einfach weg.

James K. Baxter

Prinzessin Fibi

Fibi hasste es, eine Prinzessin
zu sein. Alles, was Spaß machte,
war Mädchen und Prinzessinnen
verboten.

5 Und dann tauchte eines Tages
der Drache auf. Ein echter, riesiger,
überaus schlecht gelaunter Drache.
Er war so schlecht gelaunt, dass er
auf einen Bissen fünf Schafe
10 verschlang.

Wo ein Drache ist, tauchen früher
oder später Drachentöter auf. Aus
dem ganzen Königreich kamen sie
anmarschiert. Sie hatten seit ewigen
15 Zeiten nicht mehr beweisen können,
was für tolle Kerle sie waren. Also
freuten sie sich über den Drachen.
Aber der freute sich nicht über sie.
Die, die es schafften, bis in seine
20 Höhle vorzudringen, bereuten es
hinterher sehr.

Zerrissene Kleider waren noch das
Harmloseste. Angesengte Haare und
Bärte gab es häufig. Gebrochene
25 Arme und Beine sowieso.
Und Schlimmeres. So hatten sie
sich einen Drachenkampf nicht
vorgestellt.
„Ha! Was für Feiglinge!", dachte
30 Fibi. Und weil sie ein kluges Kind
war, stellte sie sich als Einzige
die Frage, warum der Drache
eigentlich so wütend war.
Niemand außer Fibi war bis jetzt auf
35 die Idee gekommen, sich diese Frage
zu stellen. Und niemand außer dem
Drachen konnte sie beantworten.
Also beschloss Fibi, sich heimlich
auf den Weg zur Drachenhöhle zu
40 machen.

Ich will herausfinden,
warum der Drache so zornig ist.
Macht Euch keine Sorgen um mich.
Fibi
PS: Den Werkzeugkasten
nehme ich für alle Fälle mit.

Text: Gudrun Likar
Bilder: Sabine Büchner

Don Quichotte

Don Quichotte war ein armer spanischer Edelmann,
der für sein Leben gern ein Ritter gewesen wäre.
Ein Ritter in blitzender Rüstung, mit Lanze, Schild und Schwert.
Obwohl es zu seiner Zeit, vor etwa vierhundert Jahren,
5 solche Ritter schon lange nicht mehr gab!

Nun hätte das keinerlei Aufsehen erregt,
wenn Don Quichotte seine Ritterträume
hübsch für sich behalten hätte.
Doch so bequem machte er es sich nicht.
10 Er schlug mit der Faust auf den Tisch und rief:
„Ich bin ein Ritter! Ich habe Feinde!
Und ich werde den Schwachen helfen!"

Dann holte er die eiserne Rüstung
seines Urgroßvaters vom Boden,
15 kratzte den Staub, die Spinnweben
und den Rost weg, reparierte den Helm
und kletterte in die Rüstung hinein.
Er zog sein Pferd Rosinante aus dem Stall
und ritt davon.

20 Die Abenteuer, die er erlebte,
hat Miguel de Cervantes
zum ersten Mal aufgeschrieben.
Und er hat in dem Buch behauptet,
schuld an Don Quichottes seltsamen Taten
25 wären die zahllosen Ritterromane gewesen,
die er gelesen hätte.

Erich Kästner

Die kleine Hexe

Die kleine Hexe   Wetterhexe Rumpumpel   Oberhexe   Nebelhexe   Berghexe   alle Hexen

Die kleine Hexe ließ sich vom Raben Abraxas nicht Bange machen, sie ritt in der Nacht auf den Blocksberg. Dort waren die großen Hexen schon alle versammelt. Sie tanzten mit fliegenden Haaren und flatternden Röcken rund um das Hexenfeuer. Es mochten wohl fünfhundert oder sechshundert Hexen sein: Berghexen, Waldhexen, Sumpfhexen, Nebelhexen und Wetterhexen, Windhexen, Knusperhexen und Kräuterhexen. Sie wirbelten wild durcheinander und schwangen die Besen.

„Walpurgisnacht! Heia, Walpurgisnacht!"

Die kleine Hexe mischte sich unbemerkt unter die Tanzenden.

„Heia, Walpurgisnacht!"

Sicherlich wäre alles gut gegangen – nur hätte die kleine Hexe nicht ihrer Tante, der Wetterhexe Rumpumpel, über den Weg tanzen dürfen!

„Sieh da! Welch eine Überraschung! Was suchst du hier? Antworte! Weißt du nicht, dass es für junge Dinger verboten ist, heute Nacht auf den Blocksberg zu kommen?"

„Verrat mich nicht!"

„Nichts da! Du freches Stück musst bestraft werden!"

Neugierig kamen die anderen Hexen herzu und umringten die beiden.

S. 174   S. 186 **Textwerkstatt**   Arbeitsheft Fördern, S. 22/23   FöKV 8, KV 21

„Was soll mit der kleinen Hexe geschehen?"

Da riefen die Nebelhexen:
„Sie soll es büßen!"

Die Berghexen kreischten:
„Zur Oberhexe mit ihr! Auf der Stelle zur Oberhexe mit ihr!"

Alle Hexen schrien:
„Jawohl! Packt sie und schafft sie zur Oberhexe!"

Die Oberhexe hockte auf einem Thron, der aus Ofengabeln
errichtet war.

„Du wagst es, in dieser Nacht auf den Blocksberg zu reiten,
obwohl es für Hexen in deinem Alter verboten ist?
Wie kommst du auf diesen verrückten Gedanken?"

„Ich weiß nicht. Ich hatte auf einmal so große Lust dazu
– und da bin ich halt auf den Besen gestiegen und
hergeritten …"

„Dann wirst du gefälligst auch wieder nach Hause reiten!
Verschwinde hier, und zwar schleunigst!
Sonst müsste ich böse werden!"

„Darf ich dann wenigstens nächstes Jahr mittanzen?"

„Hm… Das kann ich dir heute noch nicht versprechen.
Wenn du bis dahin schon eine gute Hexe geworden bist,
dann vielleicht."

nach Otfried Preußler

Wann ist eine Hexe
eine gute Hexe?

Wann ist eine Hexe
eine schlechte Hexe?

Ein Kartenspiel mit Fehlern

„Herz ist Trumpf", sagte Herr Taschenbier.
„Du fängst an!"
Das Sams nahm seine Karten vom Tisch auf,
betrachtete sie eingehend,
5 beschnupperte jedes Kartenblatt und
wackelte unschlüssig mit der Rüsselnase.
„Nun mach schon!", drängte Herr Taschenbier.
„Ich weiß nicht, womit ich anfangen soll",
sagte das Sams. „Sind die roten Karten besser

10 oder die schwarzen?"
„Die roten natürlich. Die mit dem Herz drauf.
Fang endlich an!", sagte Herr Taschenbier.
„Das tu ich, Papa. Gleich sofort."
Damit steckte sich das Sams eine seiner Karten

15 in den Mund, die Herz-Sieben, kaute genüsslich
darauf herum und schluckte sie hinunter.
„Was … was machst du da?!", rief Herr Taschenbier.
„Ich habe angefangen. Mit einer roten Karte,
wie du's vorgeschlagen hast, Papa", erklärte ihm

20 das Sams, schob sich die Pik-Zehn in den Mund,
kaute und verzog angewidert das Gesicht.
„Bäh!", sagte es und schüttelte sich.
„Du hast wirklich recht, Papa.
Die schwarzen schmecken viel, viel schlechter
25 als die roten.

    Rote Karten schmecken fein.
    Aber – bäh – die schwarzen!
    Die schmecken wie ein Krötenbein
    mit vierundfünfzig Warzen!"

Text und Bilder: Paul Maar

Aus den Geschichten der ersten drei Bände wurde ein Film gedreht: „Das Sams – Der Film"

Räuberkinder

Das sind 2 Räuberkinder.
Sie sind wirklich
sehr, sehr böse!!!

Die spielen auch
so komisch
zusammen!

Nie würden sie
etwas
miteinander
teilen.

Aber wenn's
mal so richtig
drauf ankommt,
dann halten
sie zusammen,
die Räuberkinder!!!

Text und Bilder: Antje Damm

Winterkälte

Es klopft bei Wanja in der Nacht

Weit fort in einem kalten Land
steht Wanjas Haus am Waldesrand.
In langen Zapfen hängt das Eis
und ringsumher ist alles weiß.

5 Da ist bei Sturm in finstrer Nacht
der Wanja plötzlich aufgewacht.
„Was höre ich da tocken?",
so fragt er sich erschrocken.

Wer ist's, wer klopft da an sein Haus?
10 Ein Hase hockt im Schneesturm drauß.
Der schreit und jammert kläglich:
„Ich friere so unsäglich."

Der Wanja sagt: „Komm nur herein,
ich heize gleich im Ofen ein."
15 Das Feuer zischt und prasselt laut;
die Wärme dringt bis in die Haut.

Doch kaum sind beide eingeschlummert,
da weckt sie Lärm. Es pocht und bummert
und jemand trommelt an das Tor.
20 Ein roter Fuchs steht jetzt davor.

Der knurrt: „Erfroren ist mein Zeh.
Ich hab genug von Sturm und Schnee.
Ich kann nicht weiterlaufen,
lass mich bei dir verschnaufen!"

25 Da schreit der Hase: „Nein, o nein,
lass bloß den Fuchs hier nicht herein!
Er ist darauf versessen,
uns Hasen aufzufressen."

Der Fuchs mit kalten Gliedern
30 beeilt sich zu erwidern:
„Ich schwör bei meiner Ehre,
dass ich dich nicht verzehre."

Der Wanja sagt: „Na gut, komm rein,
doch halte dein Versprechen ein."

Text: Tilde Michels
Bilder: Reinhard Michl

Und dann?
Betrachte auch
die Bilder!

Schnupper-Seite: Winterkälte

Überraschung

Eine Flocke
und wieder
eine Flocke
und wieder
5   eine Flocke
und schon wieder
eine Flocke
und schon wieder
eine Flocke
10 und schon wieder
eine Flocke
und noch eine
und noch eine
und noch eine
15 und noch eine
Oje, oje!
Schnee

Gottfried Herold

Die Schnecke im Winter

Naht der Winter,
geh ich ins Haus,
mache die Türe zu:
Winter bleib drauß!

Zu ist die Türe.
Komme, wer will:
Ich bin zu sprechen
erst im April.

Josef Guggenmos

Aus K wird H!

Adventszeit

Ach, du lieber Nikolaus,
komm ganz schnell in unser Haus.
Hab so viel an dich gedacht!
Hast mir doch was mitgebracht?

Volksgut

Wer heißt Nikolaus?
Von dem Namen Nikolaus
stammen viele beliebte Vornamen ab:
Klaus, Klaas, Niklas, Nicola, Nicole,
Nick, Niko, Niki, Niels, Collin.

Den Adventskranz gibt es seit ungefähr
200 Jahren. Johann Hinrich Wichern
leitete ein Waisenhaus. Er wollte den
Kindern das Warten auf Weihnachten
5 verschönern. Deshalb steckte er
24 Kerzen auf ein Holzrad.
Täglich wurde eine Kerze mehr
angezündet. Daraus entstand
später der Tannenkranz mit
10 vier Kerzen.

Die Geschichte vom beschenkten Nikolaus

Einmal kam der Nikolaus am 6. Dezember zum kleinen Klaus.

Er fragte ihn: „Bist du im letzten Jahr auch brav gewesen?"

Klaus antwortete: „Ja, fast immer."

Der Nikolaus fragte: „Kannst du mir auch

5 ein schönes Gedicht aufsagen?"

„Ja", sagte Klaus.

„Lieber, guter Nikolaus,

du bist jetzt bei mir zu Haus,

bitte leer die Taschen aus,

10 dann lass ich dich wieder raus."

Der Nikolaus sagte: „Das hast du schön gemacht."

Er schenkte dem Klaus Äpfel, Nüsse,

Mandarinen und Plätzchen.

„Danke", sagte Klaus.

15 „Auf Wiedersehen", sagte der Nikolaus.

Er drehte sich um und wollte gehen.

„Halt", rief Klaus.

Der Nikolaus schaute sich erstaunt um.

„Was ist?", fragte er.

20 Da sagte Klaus: „Und was ist mit dir?
Warst du im letzten Jahr auch brav?"
„So ziemlich", antwortete der Nikolaus.
Da fragte Klaus: „Kannst du mir auch
ein schönes Gedicht aufsagen?"

25 „Ja", sagte der Nikolaus.
„Liebes, gutes, braves Kind,
draußen geht ein kalter Wind,
koch mir einen Tee geschwind,
dass ich gut nach Hause find."

30 „Wird gemacht", sagte Klaus.
Er kochte dem Nikolaus einen heißen Tee.
Der Nikolaus schlürfte ihn und aß dazu Plätzchen.
Da wurde ihm schön warm.
Als er fertig war, stand er auf und ging zur Tür.

35 „Danke für den Tee", sagte er freundlich.
„Bitte, gerne geschehen", sagte Klaus.
„Und komm auch nächstes Jahr vorbei,
dann beschenken wir uns wieder."
„Natürlich, kleiner Nikolaus", sagte der große Nikolaus.

40 Er ging hinaus in die kalte Nacht.

Alfons Schweiggert

Letterbanket – Buchstabenkuchen

In den Niederlanden backen die Familien
zum Nikolaustag kleine Buchstabenkuchen.

Das brauchst du:

- 400 g Blätterteig (tiefgefroren)
- 200 g Marzipan

- Backpapier
- 1 Eigelb

So geht's:

1. Taue den Blätterteig auf.

2. Teile das Marzipan in 6 gleich große Stücke
   und rolle jedes Stück zu einer dicken Wurst.

3. Lege eine Marzipanwurst auf jede Teigplatte.

4. Schlage den Teig um das Marzipan,
   bestreiche die Ränder mit Wasser,
   drücke sie fest zusammen und
   rolle daraus eine lange dünne Wurst.

5. Schneide von der Wurst passende Stücke ab
   und forme daraus Buchstaben.
   (Du kannst einen Buchstaben auch
   aus mehreren Stücken zusammensetzen.)

6. Lege ein Backblech mit Backpapier aus,
   lege die fertigen Buchstaben auf das Blech
   und bestreiche sie mit Eigelb.

7. Backe die Buchstabenkuchen bei 200 °C
   25 bis 30 Minuten.

Advent

Es treibt der Wind im Winterwalde
die Flockenherde wie ein Hirt
und manche Tanne ahnt, wie balde
sie fromm und lichterheilig wird;
und lauscht hinaus. Den weißen Wegen
streckt sie die Zweige hin – bereit
und wehrt dem Wind und wächst entgegen
der einen Nacht der Herrlichkeit.

Rainer Maria Rilke

Die Hirten

Ich sah zur Nacht
ein helles Licht.
Erwacht! Erwacht!
Seht ihr es nicht?

5 Ich bin wie blind.
Die Melodie
rauscht wie ein Wind.
Sagt, hört ihr sie?

Ein Kind im Stall!
10 Was ist geschehn?
Kommt schnell, kommt schnell,
es anzusehn.

Friedrich Hoffmann

Die Sterntaler

Es war einmal ein kleines Mädchen,
das war ganz allein auf der Welt.
Es besaß nur noch die Sachen, die es am Körper trug,
und ein Stück Brot, das ihm jemand geschenkt hatte.

5 Im Vertrauen auf den lieben Gott
lief das Mädchen hinaus ins Feld.
Ihm begegnete ein armer Mann, der sprach:
„Ich bin hungrig, gib mir etwas zu essen."
Das Mädchen reichte ihm das Brot und ging weiter.

10 Da kam ein Kind, das weinte und fror am Kopf.
Das Mädchen schenkte ihm seine Mütze.

Später traf es ein Kind, das hatte keine Jacke,
ein anderes keinen Rock.
Da gab es ihnen auch diese Sachen.

15 Es wurde dunkel, als das Mädchen in einen Wald kam.
Dort begegnete ihm ein Kind, das bat um ein Hemdchen.
„Es ist dunkel und es sieht mich niemand", dachte
das Mädchen und verschenkte nun auch sein Hemdchen.

Als es so da stand und gar nichts mehr hatte, fielen auf einmal
20 die Sterne vom Himmel, lauter blanke Taler.
Plötzlich hatte das Mädchen ein neues Hemdchen an,
aus feinstem Stoff. Da sammelte es die Taler hinein
und musste nicht mehr hungern und frieren.

Brüder Grimm

66

Nicht nur Eisbären baden im Winter draußen

Amelie ist Winterschwimmerin
in einem Verein. Seit rund einem Jahr
geht die 12-Jährige sonntags
zum Winterschwimmen. Sie zieht
5 ihre warmen Sachen aus und
einen Bademantel an. Ihr Papa
hält das Handtuch für sie.
Dann laufen sie beide zum See.

Beim ersten Schritt ins Wasser
10 sieht sie erschrocken aus. So, als
wäre es doch kälter als gedacht.
„Wenn man sich nicht gleich traut
reinzugehen, dann sind die Füße
schon sehr kalt", erklärt sie.
15 „Wenn man dann noch weiter
reingeht, ist es so, als ob man
ganz viele Nadeln unter den Füßen
hätte und da drauftreten würde.
Das tut dann richtig weh."

20 Als ihr das Wasser bis zum Bauch
steht, taucht sie bis zu den Schultern
ein. Den Kopf hält sie bei der Kälte
besser über Wasser. Amelie bleibt
ein paar Sekunden drin.

25 Richtig glücklich sieht sie aber
noch nicht aus. Dann kommt sie
wieder zum Strand zurück. Ihr Papa
packt sie schnell in ein Handtuch und
in einen warmen Bademantel.

30 Plötzlich rennt Amelie los, von einem
bis zum anderen Ende des Strandes.
„Wenn ich hier rumrenne, wird mir
schön warm", sagt sie.
Das ist wichtig, denn Amelie geht
35 noch ein zweites Mal in den See.
Dieses Mal lacht sie und hat richtig
Spaß.
„Wenn ich das zweite Mal reingehe,
ist es nicht mehr ganz so kalt", sagt sie.
40 Deshalb bleibt sie auch ein bisschen
länger im Wasser.

Jennifer Heck

Ulli ist krank

Ulli liegt schon seit vier Tagen im Bett. Er ist krank.
Mutter sitzt ganz oft bei ihm am Bett.
Sie fragt: „Was wünschst du dir heute zum Essen?"
„Gar nichts, ich hab keinen Hunger", antwortet Ulli.
5 „Ich mag Pommes mit Hähnchen", sagt Ulrike.

„Erst mal sehn, was Ulli mag", sagt Mutter.
„Er ist schließlich krank."
Sie fragt Ulli: „Soll ich Pommes mit Hähnchen machen?"
„Mag ich nicht", lehnt Ulli ab.
10 „Oder Würstchen mit Ketchup?"
„Mag ich auch nicht", sagt Ulli.
„Vielleicht Schokoladenpudding?"
„Ja gut, aber mit Erdbeeren", antwortet Ulli.

„Erdbeeren passen doch nicht
15 zu Schokoladenpudding", sagt Ulrike.
„Egal", meint Mutter, „wenn Ulli das mag."

Als Vater heimkommt, geht er gleich zu Ulli.
„Ich hab dir ein Buch mitgebracht", sagt er
und setzt sich an Ullis Bett.
20 „Das musst du mir aber gleich vorlesen", sagt Ulli.
„Na klar", sagt Vater und liest die Geschichte vor.

„Gehen wir jetzt in den Keller, Vati?", fragt Ulrike.

„Du wolltest mit mir doch heute mein Fahrrad reparieren."

„Vielleicht morgen", sagt Vater und geht in die Küche.

25 Mutter ruft: „Ulrike, komm bitte essen."

„Ich mag nicht, ich hab keinen Hunger", ruft Ulrike zurück.

Mutter kommt gleich zu Ulrike.

„Um Gottes Willen, du wirst doch nicht auch krank werden?",

fragt sie besorgt.

30 „Geht's dir schlecht?", fragt Vater

und streicht Ulrike zärtlich über die Stirn.

„Wenn du mir auch eine Geschichte vorliest,

geht's mir bestimmt schon besser", antwortet Ulrike.

KNISTER und Paul Maar

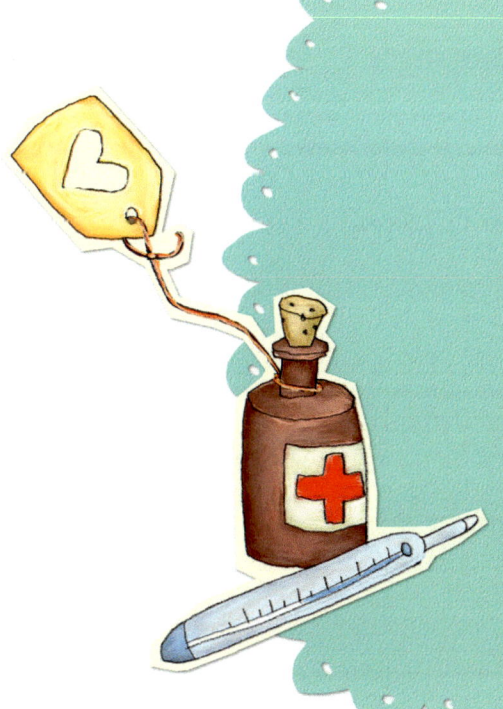

Nur ein bisschen krank

Wenn ich nur ein bisschen krank wäre,
würde ich im Bett liegen,
auf dem Nachttisch Preiselbeersaft,
ich könnte ein spannendes Buch lesen
und brauchte mich um nichts zu kümmern,
ab und zu würde ich eindösen,
ab und zu schläfrig lauschen,
wie der Schnee fällt,
langsam, draußen.

Bo Carpelan

Fasching auf dem Bauernhof

Rollen: Bauer, Bäuerin, Schwein, Kuh, Ziegenbock, Pferd, Hennen

Schwein: Ich bin ein Schwein
und brülle: „Muh!"

Bauer: Du bist ein Schwein!
„Muh" brüllt die Kuh.

Kuh: Ich bin die Kuh
und grunze laut.

Bauer: He, Kuh, auch du hast Mist gebaut.
Es grunzt das Schwein.
Und du machst: „Muh!"
Was soll das bitte, blöde Kuh!

Bäuerin: Hallo, was soll der ganze Quatsch?

Schwein und Kuh:
Faschingszeit. Kladeratatsch.

Ziegenbock: Ich bin und bleib ein Ziegenbock.

Bäuerin: He, du trägst meinen Unterrock.
Was soll denn dieser ganze Quatsch?

Schwein, Kuh und Ziegenbock:
Faschingszeit. Kladeratatsch.

Pferd: Ich bin ein guter, alter Gaul.
Wenn's lustig wird, bin ich nicht faul.
Dann spring ich wie ein Fohlen her.
Mir ist, als ob jetzt Fasching wär.

Heißt das Fest bei euch auch „Fasching"?

Bäuerin:	Was soll denn dieser ganze Quatsch?
Alle Tiere:	Faschingszeit. Kladeratatsch.
Bauer:	Nun aber Schluss! Und fertig! Aus! Ich bin doch hier der Herr im Haus.
Bäuerin:	Du meinst, du bist der Herr im Haus. Im Fasching schaut das anders aus.
Alle Tiere:	He, Bäuerin, Applaus, Applaus! Er meint, er wär der Herr im Haus.
Hennen:	Wir Hennen verpennen den ganzen Tag, egal, ob wer frische Eier mag. Faschingszeit nicht nur auf dem Hof. Und wer nicht mitmacht, der ist doof. Wir legen zur Feier des Tages ein Ei.
Alle:	Lasst uns tanzen, denn bald ist der Fasching vorbei.
Bauer:	Und dann bin ich wieder der Herr im Haus?
Bäuerin:	Bald werden wir's wissen.
Alle Tiere:	Applaus, Applaus!

Bernhard Lins

71

Zeit vergeht

Stockmann

Die Welt ist voller Abenteuer, vor allem für Stockmann.
Alle haben es auf ihn abgesehen, weil sie ihn
mit einem ganz gewöhnlichen Stock verwechseln.
Und so irrt Stockmann ein ganzes Jahr herum.

5 Stockmann lebt zu Hause im Glück
  mit seiner Frau und den Kindern, drei Stück!
  Morgens dreht er früh seine Runde.
  Stockmann, pass auf, gib acht vor dem Hunde!

  „Ich bin kein Stock, du dummer Hund!
10 Ich bin Stockmann! Stockmann! Guck doch genau!
  Ich will nur nach Hause zu Kindern und Frau.“

„Ich bin für keine Fahne ein Mast,
auch kein Ritterschwert
und zum Wandern kein Ast.
15 Ich bin kein Stift,
kein Flitzebogen,
kein Baseballschläger,
kein Bumerang – nee!"

Stockmann! Stockmann! Vorsicht! Der Schnee!
20 Herbei stapft ein Junge, sieht Stockmann und lacht:
„Ein Arm, wie für meinen Schneemann gemacht!"

„Ich bin kein Arm! Da reicht doch ein Blick!
Ich bin Stockmann! Stockmann! Verlässt mich das Glück?
Komm ich jemals zu meiner Familie zurück?"

Text: Julia Donaldson / Bilder: Axel Scheffler

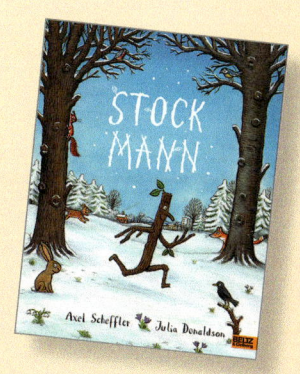

Schnupper-Seite: Zeit vergeht

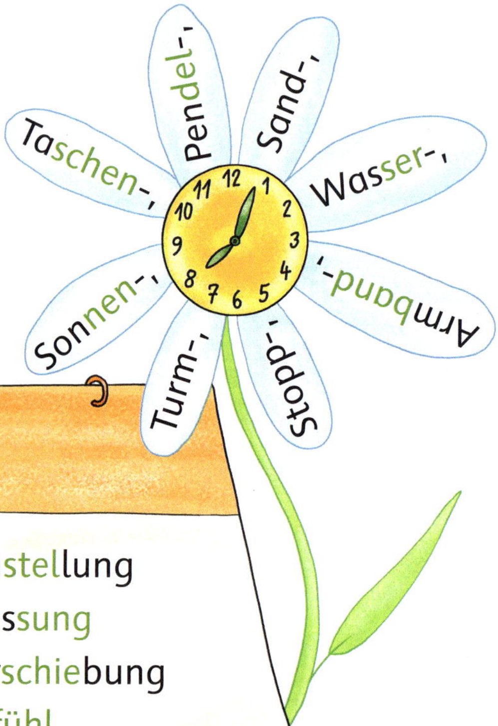

Taschen-, Pendel-, Sand-, Wasser-, Armband-, Stopp-, Turm-, Sonnen-

Zeit-Wörter

Uhr-			-umstellung
Nacht-			-messung
Jahres-	zeit	Zeit	-verschiebung
Lebens-			-gefühl
Eis-			-reise

Zeit vergeht

Wer nicht kommt zur rechten Zeit,
der muss nehmen, was übrig bleibt.

Eins, zwei, drei! Im Sauseschritt
läuft die Zeit – wir laufen mit.

Wilhelm Busch

Man kann die Uhr anhalten,
aber nicht die Zeit.

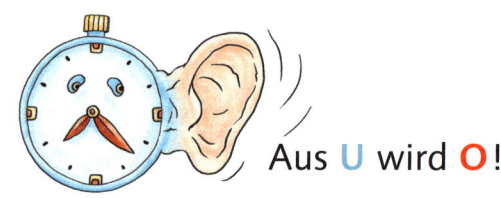

Aus U wird O!

Alle Zeit der Welt

Silja, 7 Jahre alt:
„Die schönste Zeit ist, wenn Mama mit mir kuschelt.
Blöde Zeit ist, wenn man streitet und Krieg ist."

Tim, 5 Jahre alt:
„Zeit ist, wenn man alles
ganz langsam machen kann."

Philipp, 9 Jahre alt:
„Zeit ist das, was rumgeht."

Zeit kann man aber
nicht nur an Uhren
ablesen.

Antje Damm

Was ist Zeit für dich?

Her şeyin bir zamanı vardır.
Alles braucht seine Zeit.

Die Reise der Sonne

1. Wenn die Son - ne ih - re Strah-len mor-gens durch das Fens - ter
schießt, dass sie dei - ne Na - se kit - zelt, bis du halb im Schlaf noch
niest, hat sie ei - ne lan - ge Rei - se stets schon
hin - ter sich ge - bracht, die be - ginnt, wenn du noch
schlum - merst, fern im Os - ten und bei Nacht.

Musik: Heinz Lemmermann, Text: Eva Bartoschek-Rechlin,
Text 2. und 3. Strophe: Werner Rizzi

2.
Liegst du noch in schönsten Träumen,
geht die Sonne langsam auf.
Über Asien und Australien
nimmt sie immer ihren Lauf.
Länder, die im Osten liegen,
hat sie alle schon gesehn
und kann endlich dann zum Frühstück
hier bei uns am Himmel stehn.

3.
Übern Tag, da zieht sie westwärts,
wird dort abends untergehn.
Du gehst in dein Bett zum Schlafen
und du kannst sie nicht mehr sehn.
Doch sie scheint jetzt ganz woanders,
in New York, dann in Schanghai,
und kommt, wenn der Kreis vollendet ist,
bei uns wieder vorbei.

Was zwischen Morgen und Abend passiert

Halte einmal für vier Sekunden
die Luft an.
So, jetzt kannst du wieder atmen.
In dem kurzen Augenblick,
5 wo du nicht geatmet hast,
ist auf der Welt eine Menge passiert:
Schönes und Trauriges, Lautes, Leises,
Angst, Arbeit, Spaß.

Zum Beispiel um  16:48 .

10 Ein Junge sagt zu seinem Kaninchen:
„Ich hab dich wahnsinnig lieb."

„Ich will nicht üben!",
schreit Dorothea und haut
auf die Klaviertasten.

15 Ein Kind sitzt allein zu Hause
und kaut an seinem Bleistift.
Wenn die Mama nicht
wiederkommt, denkt es.
Wenn sie nie wiederkommt,
20 was mache ich dann?

„Miserabel", sagt der Zahnarzt
zu Timo. „Miserabel! Noch nie
das Wort Zahnbürste gehört?"

Auf dem Spielplatz Südstadt
25 steht ein Junge und weint.

„Mensch ärgere dich nicht",
sagt die Großmutter,
die das Spiel verloren hat.
Aber sie ärgert sich doch.

30 Über dem Tannenwald
steht ein Regenbogen.

Günter Frorath und Rosemarie Harbert

> Was könnte um
> 10:23 Uhr passieren?

Sehnsucht nach Papa

Rosa legt ihre 🍴
auf den 🍳 und schiebt ihn
von sich. Sie mag überhaupt
nichts essen.

5 Rosa sehnt sich nach Papa.
Er ist gestern mit dem ✈️
verreist. Rosa seufzt. „Darf ich
Papa anrufen?", fragt sie.
Mama sieht auf ihre ⌚.

10 „Jetzt geht es nicht.
Papa schläft sicher noch."
„Um 🕛 mittags?",
fragt Rosa. „Ist Papa krank?"
„Nein", sagt Mama,

15 „in Amerika ist es jetzt
erst 🕐 morgens."
„Wieso das denn?", fragt Rosa.
„Warte, ich hol den 🌍",
sagt Mama. Sie stellt den 🌍

20 auf den 🪑 .

Eine 🔦 hat sie auch
mitgebracht. „Schau mal,
wir wohnen hier", sagt Mama.
Sie zeigt auf Deutschland.

25 „Weiß ich doch", sagt Rosa.
„Stell dir vor, die 🔦
ist die ☀️ ", sagt Mama.
Sie knipst die 🔦 an
und leuchtet auf Deutschland.

30 „Bei uns ist es jetzt hell.
Papa ist mit dem ✈️
aber dorthin geflogen."
Mama zeigt auf Amerika.
„Da leuchtet deine ☀️

35 nicht", sagt Rosa.
Jetzt versteht sie, warum Papa
noch im 🛏️ ist.
„Und was ist da unten,
wo die 🔦 auch nicht

40 hinleuchtet?", fragt Rosa.

„Da leben die 🦘 und die 🐨", antwortet Mama.

„Das ist Australien. Dort ist es jetzt ungefähr  abends."

45 „Dann müssen die 🦘 und 🐨 jetzt aber ins 🛏️ ", sagt Rosa. Mama lacht.

„Wenn ich den 🌍 schnell weiterdrehe", sagt Rosa,

50 „scheint in Amerika die ☀️ und ich darf Papa anrufen."

Da klingelt das ☎️.

Schnell läuft Rosa hin.

„Papa!", ruft sie.

55 „Warum bist du nicht im 🛏️ ?" Sie redet mit ihm, bis Mama sagt:

„Ich will auch mal."

Als Mama auflegt,

60 hält Rosa erschrocken die ✋ vor den 👄.

„Ist Papa jetzt aufgewacht, weil ich den 🌍 gedreht habe?"

65 Mama schüttelt lachend den 👧. „Ich glaube, er hat sich einfach nach uns gesehnt."

Werner Färber

Das ist die Erde

Das ist die Erde,
kugelrund und dick,
mit Land und Meer,
mit Berg und Tal,
mit Städten, Schnee und
Wäldern.
So wie sie fliegt
durch Tag und Nacht,
ein Stern wie alle andern.

Elisabeth Borchers

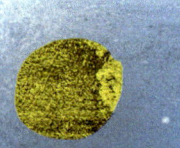

Lange vor allem

Lange vor allem war nichts.
Da kam mit heiserem Bellen ein Hund gerannt.
Das Nichts erzitterte, denn nun war da etwas.
Der Hund blieb eine Weile keuchend stehen,
bevor er mit heiserem Bellen das Weite suchte.
Danach war wieder lange nichts.
Später entstand dann das Weltall mit allen Sternen.

Franz Hohler

Warum leuchten die Sterne?

Sterne entstehen aus Gaswolken, die es überall im Weltraum gibt.
An manchen Stellen bildet das Gas Klumpen. Die Klumpen
ziehen sich nach und nach zu riesigen Gasbällen zusammen.
Jetzt sind die neuen Sterne schon fast fertig, aber sie leuchten
5 noch nicht.

Die Sterne entzünden sich von selbst: Wenn ein Gasball
sehr groß und schwer geworden ist, werden die Teilchen
in seinem Innern stark zusammengedrückt. Immer zwei Teilchen
finden sich zusammen und verschmelzen zu einem einzigen,
10 größeren. Dabei wird enorm viel Energie frei – der neue Stern
leuchtet auf!

Die Sterne leuchten also, weil sie glühende Kugeln aus Gas sind.

Sylvia Englert

Sternenhimmel

Sieh genau hin.
Siehst du,
wie die „Sterne"
funkeln?

Das bin ich

Jeder Tag hat eine Farbe

Manche Tage sind gelb
und manche sind blau.
Die Farbe ändert sich –
und ich?

Ein Durcheinander-Tag
ist wild und bunt.

In mir drin
geht's ganz schön rund

5 Meine kunterbunten Launen
bringen mich zum Staunen.

Sind die Tage rot wie Glut,
fühle ich mich richtig gut.
Wie ein Pferd werf ich die Hufe,
10 nehme spielend jede Stufe.

Und an himmelblauen Tagen
kann ich mit den Flügeln schlagen.

Manchmal ist ein Tag ganz braun,
keiner von den bunten.
15 Ich mag nicht aus den Augen schaun
und fühl mich ganz tief unten.

An rosa Tagen geht's mir prächtig.
Stolzieren und springen gefällt mir mächtig.

Ein Durcheinander-Tag ist wild und bunt.
20 In mir drin geht's ganz schön rund.
Nach alledem wird endlich klar:
Ich bin und bleibe, wer ich war.
Die Farbe ändert sich,
doch ich bleib ich.

Text: Dr. Seuss / Bilder: Steve Johnson und Lou Fancher

Schnupper-Seite: Das bin ich

Heute bin ich

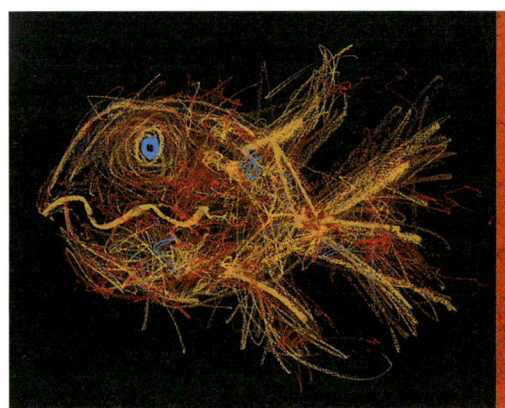
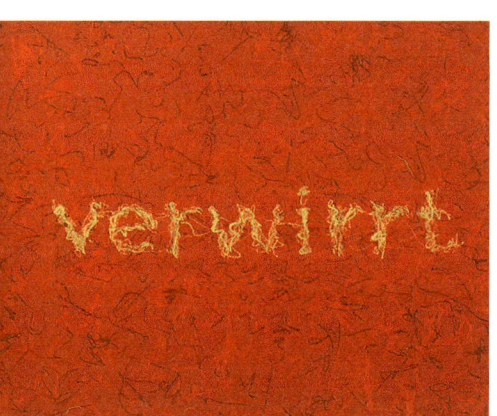

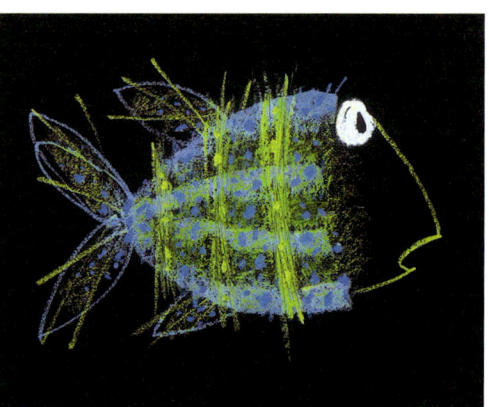
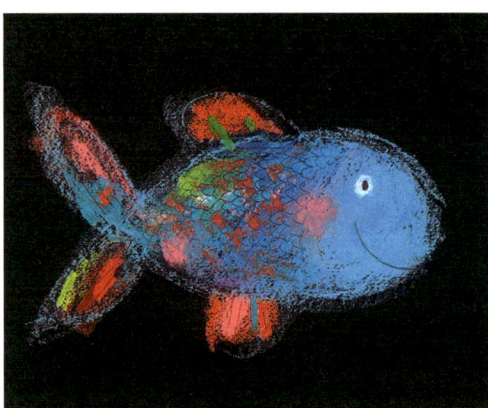

Mies van Hout

Aus **F** wird **T**!

Das bin ich

Name: Nadjeschda

Ich wohne zusammen mit: meinen Eltern, meinem Bruder und meiner Oma.

Hobbys: lesen, schwimmen, Basketball

Lieblingsessen: Pelmeni und Blini

Das mag ich: Ferien, Freundinnen treffen

Das mag ich gar nicht:

traurig sein, aufräumen, Regen

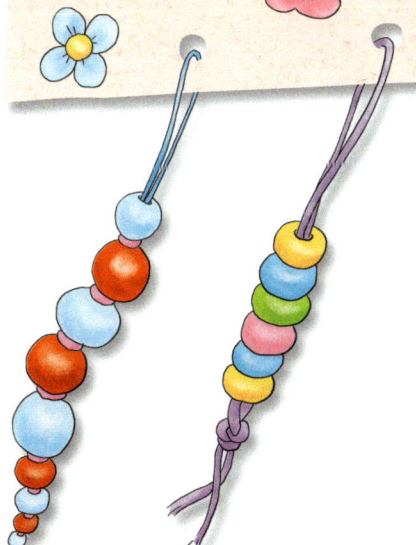

Name: Henry

Ich wohne zusammen mit: Mami und Mama und unserem Hund Rico

Hobbys: Fußball, Hörspiele hören

Lieblingsessen: Spätzle und Eis

Das mag ich:

im Garten zelten, Comics

Das mag ich gar nicht:

Hausaufgaben

Ich wünschte

Ich wünschte, ich hätte mehr Mut.

Ich habe davon recht wenig …

Wenn man Mut kaufen könnte, würde ich

mein ganzes Geld dafür ausgeben.

5 Es wäre mein wertvollster Besitz.

Gewöhnlicher Mut. Kein Heldenmut oder Übermut.

Alltäglicher Mut.

Die Leute würden über mich reden:

„Siehst du den da?"

10 „Ja."

„Weißt du, was der ist?"

„Nein."

„Der ist mutig. Sehr mutig."

„Ach ja?"

15 „Ja."

Das Glück käme dann ganz von alleine dazu.

Anton

Ich wünschte …

Ich hab zwei Haustüren

Ich heiße Anna.
Ich bin bei Mama und Papa zu Hause.
Ich habe zwei Haustüren.

Ich habe auch zwei Lieblingsplätze:
5 Einen Schaukelstuhl bei Papa.
Und einen Kuschelsessel bei Mama.

Ich habe zwei Kinderzimmer.
Und ich habe viele Freunde.
Mit den einen spiele ich, wenn ich
10 bei Papa bin. Und mit den anderen
spiele ich, wenn ich bei Mama wohne.

Und ich habe zwei Küchen.
Mit Papa mache ich Essen.
Und Mama helfe ich beim Backen.

15 Zwei Telefonnummern habe ich auch.
Mama ruft mich bei Papa an.
Und Papa ruft mich bei Mama an.

Claire Masurel

Mutter, Vater, ich und sie

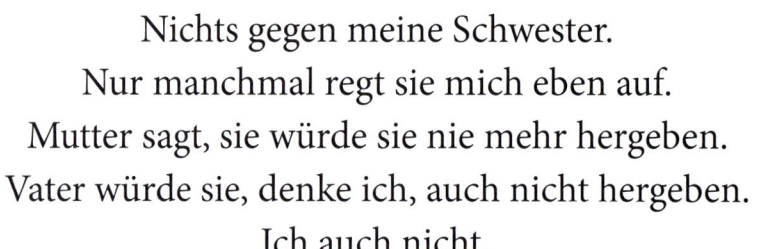

Nichts gegen meine Schwester.
Nur manchmal regt sie mich eben auf.
Mutter sagt, sie würde sie nie mehr hergeben.
Vater würde sie, denke ich, auch nicht hergeben.
Ich auch nicht.
Außerdem gibt es wohl niemanden, der sie nähme.

Jürg Schubiger

Eins, zwei oder drei

„Wenn ich einen Papa hätte", sagte Anton,
„könnte Mama auch mal mit dem meckern."
„Wenn ich eine Mama hätte", sprach Dörte,
„könnte Papa auch mal mit der meckern."
„Ich habe Mama und Papa", seufzte Holger,
„wenn die meckern, dann nur mit mir."
„Ich habe drei Eltern", rief der kleine Franz,
„wenn zwei meckern, ist einer für mich da."

Franz Zauleck

Bist du krank?

Priesemut bestaunte Toms
sonderbaren Stuhl.
„Was ist denn mit deinen Beinen
los?", wollte Priesemut wissen.
5 „Sind sie gebrochen?"
„Nein. Gebrochen nicht",
antwortete Tom, „aber ich hatte
einen Unfall und seitdem schlafen
meine Beine."

10 Nulli brachte Tom gekühlten
Himbeersaft – in einem
Schnabelbecher!
„Hier, den Becher benutzen wir
immer, wenn wir krank sind."
15 „Danke, Nulli, aber …"
„Und hier habe ich noch ein
kuschelig weiches Federkissen
für deinen kaputten Rücken."
Tom seufzte. „Das ist ja wirklich
20 nett von dir, Nulli, aber mein Rücken
ist gar nicht –"
Bevor Tom antworten konnte,
war Nulli wieder verschwunden.

Nach einer Weile kam er mit einer
25 Schale Möhrenbrei zurück.
„Ich hab die Möhrchen für dich
klein gerieben, dann kannst du
sie viel besser essen", erklärte Nulli.
„Soll ich dich füttern, Tommi?"
30 „HÖÖR AAUF!",
schrie Tom plötzlich.
„W-was ist denn los, Tom …?",
fragte Nulli.
„Du behandelst mich die ganze Zeit
35 so, als wäre ich krank!"
„Aber … du bist doch krank, Tom",
meinte Nulli und deutete auf den
Rollstuhl.
Tom seufzte. „Nein, Nulli, ich bin
40 nicht krank. Ich kann, genau wie du,
Möhren klein ratzeln. Ich kann wie
du aus einem richtigen Glas trinken,
und mein Rücken ist auch nicht
kaputt.
45 Ich – kann – nur – nicht – laufen!"

Text und Bilder: Matthias Sodtke

89

Der Streik

Beim Tee hatte Jeremy James für Papa und Mama
eine kleine Überraschung parat. Mama hatte ihn gebeten,
die Marmelade zu holen.
„Nein", sagte Jeremy James.
5 „Wie bitte?", sagte Mama.
„Ich streike", sagte Jeremy James.
Mama und Papa sahen sich an.
„Ich finde, mir steht mehr Geld zu", sagte Jeremy James.
„Und ich werde jetzt so lange nicht mehr arbeiten,
10 bis mein Lohn erhöht wird."
„An welche Summe hattest du denn gedacht", fragte Papa.
„Hundert Euro die Woche", sagte Jeremy James.
„Hundert Euro und … zehn Cent."
„Und *zehn* Cent?", sagte Papa. „Donnerwetter, das ist
15 ganz schön happig."

Am nächsten Morgen hatte Mama für Jeremy James
eine kleine Überraschung parat. Es gab kein Frühstück.
„Kein Frühstück?", sagte Jeremy James.
„Ich streike", sagte Mama.
20 Am Tisch saß Papa und vor ihm stand
ein Teller mit einem leckeren Spiegelei.
„Kannst du mir nicht was kochen?", fragte Jeremy James.
„Bedaure", sagte Papa. „Ich streike auch."

Langsam und ziemlich unglücklich ging Jeremy James nach oben.
25 Er sah sich nach seinen Anziehsachen um.
„Mama", rief Jeremy James, „ich kann
meine sauberen Sachen nicht finden."

Frage in der Bücherei
nach anderen Jeremy-
James-Geschichten.

„Du musst die schmutzigen wieder anziehen", rief Mama.

„Die sind aber ganz dreckig und eklig", rief Jeremy James.

30 „Dann musst du sie dir auswaschen", rief Mama. „Ich streike."

ich auch

Jeremy setzte sich auf sein Bett und überlegte.
Die Sache mit dem Streik war eine gute Idee gewesen,
aber wenn streiken hieß, dass es kein Essen und
keine sauberen Sachen gab, dann war die gute Idee
35 vielleicht doch nicht so gut.

ich auch

Jeremy James ging wieder nach unten.

„Wann ist euer Streik zu Ende?", fragte Jeremy James.

„Wenn ich kriege, was ich haben möchte", sagte Mama.

„Und was ist das?", fragte Jeremy James.

40 „Hundert Euro und zehn Cent", sagte Mama.

David Henry Wilson

😊 Das kann ich schon:
meine Meinung aufschreiben

Haushaltsplan für Mama, Papa, Lisa, Anton

	Montag	Dienstag	Mittwoch	Donnerstag	Freitag	Samstag
Flur aufräumen	Mama		Papa		Anton	Lisa
Zimmer staubsaugen		Papa			Lisa	
Spülmaschine ausräumen	Lisa	Anton	Lisa	Anton	Mama	Papa
Käfig saubermachen		Lisa		Anton		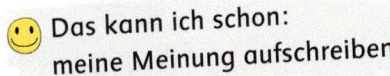 sonntags Essen bei Opa
Altpapier wegbringen	Anton				Papa	
Kochen	Mama	Mama	Mama	Papa	Papa	ALLE

Wer isst was?

Yuta (6) aus Chiba in Japan

Mein typisch japanisches Lieblingsessen ist
Okonomi-Yaki (Wie-du-magst-Pfannkuchen).
Bei uns steht das Essen auf einem niedrigen Tisch.
Wir sitzen auf dem Boden. Beim Essen dürfen wir
uns freundlich unterhalten, aber nicht aufstehen.
Gegessen wird in Japan mit Stäbchen.

Nassim (9) aus Casablanca in Marokko

Ich esse gerne Kefta belbid (Hackfleischbällchen
mit Ei). Beim Essen dürfen wir reden und lachen.
Wir müssen nicht aufessen, wenn wir keinen
Hunger mehr haben. Wir essen meist
mit den Händen. Bei manchen Gerichten
benutzen wir auch Gabel und Löffel.

Sonja (8) aus Nova Gradiska in Kroatien

Ich esse am allerliebsten
Sa kupusom i odresci od mljevenog mesa
(Weißkohlfleckchen mit Hackfleischschnitzel).
Vor dem Essen waschen wir uns die Hände.
Rülpsen und essen mit offenem Mund sind verboten.
Nach dem Essen räumen wir den Tisch ab und
putzen unsere Zähne.

Schmeckt

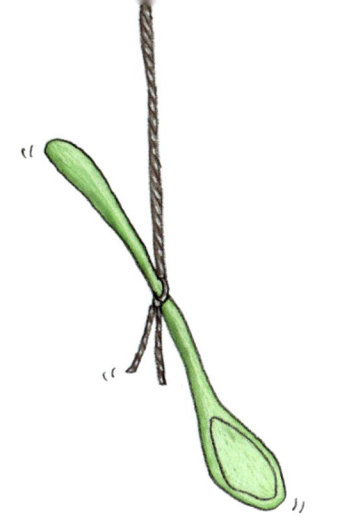

Haferflocken
Zucker
Wasser
und dazu Kakao

5 umgerührt
in einer Tasse
schmeckt wie Gelb und Blau

schmeckt nach Trösten
schmeckt nach Streicheln
10 schmeckt nach Mamas Sachen
schmeckt nach einer letzten Träne
und dem ersten Lachen

Jutta Richter

Die knubbeldicke Kartoffelkönigin

Im Keller des Gasthauses „Zur dicken Knolle" stand eine Kiste
mit den besten Kartoffeln. Eine von ihnen war besonders schön,
riesengroß und knubbeldick.

Eines Tages wollte der Koch für ein feines Kartoffelgericht
5 selbst die besten Zutaten aussuchen und stieg in den Keller.
Er entdeckte die Riesenknolle und staunte:
„Was bist du für ein Prachtstück! Aus dir mache ich
eine leckere Kartoffelpastete, und die werde ich dann
dem Herrn Bürgermeister vorsetzen."

10 Doch ehe er sich's versah, sprang sie ihm schwuppdiwupp!
aus den Händen und rief:

> *„Ich bin die knubbeldicke Kartoffelkönigin.*
> *Wer mich essen darf, bestimme ICH!"*

Sprach's und rannte fort über Wiesen und Felder,
15 durch Täler und Wälder.

Unterwegs begegneten ihr der Hase, der Bär und
das wilde Borstenschwein. Sie wollten die dicke Kartoffel
gleich roh auffressen.

Aber sie rief immer:
20   *„Ich bin die knubbeldicke Kartoffelkönigin.*
> *Wer mich essen darf, bestimme ICH!"*

und rannte weiter bis ins nächste Dorf.

Dort kamen gerade die Kinder aus der Schule
und als sie die tolle Knolle sahen, liefen sie hinter ihr her
25 und wollten sie fangen.

Anna hätte gerne Püree aus ihr gemacht, Jan Pommes,
Marie Reibekuchen und Peter Pellkartoffeln.

Aber schwuppdiwupp! entwischte sie allen Kindern
und rief jedes Mal:
30   *„Ich bin die knubbeldicke Kartoffelkönigin.*
      Wer mich essen darf, bestimme ICH!"
und rannte weiter, immer weiter – bis zu einem Häuschen
am Waldrand.

Dort wohnte ein armer Holzfäller mit sieben Kindern.
35 Als die Kinder die Riesenknolle sahen, schrien sie:
„Halt, komm zu uns, wir haben den ganzen Tag
noch nichts gegessen, und du wärst gerade recht für uns alle!"

Da kullerte die Kartoffelkönigin in die Küche und sprang
schwuppdiwupp! direkt in den leeren Korb neben dem Herd.
40 Die Mutter holte die Pfanne hervor, machte knusprige Bratkartoffeln,
und wirklich – alle wurden satt.

Marlis Arnold

Freizeit

Ronja und das Zauberpony

Ronja liebt Pferde über alles. Jeden Tag
träumt sie davon, selbst eins zu besitzen.
Wenn Ronja jedoch schon selbst kein Pferd
haben kann, dann will sie wenigstens
5 regelmäßig ganz normale Pferde besuchen
und reiten lernen. Aber Ronja hat keine Chance.
„Reitstunden sind viel zu teuer.
Und bis zum nächsten Pferdehof ist es viel zu weit",
sagt Ronjas Mama. „Und bitte sieh das endlich ein."
10 „Leider passt ein Pferd nicht in unser Leben", sagt Mama.
„Außer wir finden eins auf dem Balkon.
Das behalten wir dann natürlich."

Am nächsten Tag trifft sich Ronja
mit ihren Freunden Tarek und Charlotte.
15 „Ich hätte soo gern ein Pferd", sagt Ronja
und seufzt. Tarek seufzt auch:
„Und ich möchte soo gern Kung-Fu lernen."
Der dritte Seufzer kommt von Charlotte:
„Ich wünsche mir sooo sehr ein Kaninchen."
20 Ronja seufzt noch einmal:
„Meine Mutter erlaubt das Pferd nur,
wenn eines Tages eins auf unserem Balkon steht."
Tarek seufzt gleich hinterher:
„Ich darf erst zum Kung-Fu, wenn ich
25 das kleine Einmaleins auswendig kann."

96

Charlotte ist für Seufzer Nummer sechs zuständig:
„Ich bekomme nur ein Kaninchen,
wenn meine Tierhaar-Allergie verschwindet."
Die drei Freunde holen Luft und rufen voller Ärger:
30 „Das wird nie geschehen!!"

Ärger kann man loswerden.
Rennen ist eine gute Methode dafür.
Ronja, Tarek und Charlotte rennen los.
Sie rennen über den Hof und durch den Flur.
35 Hinter ihnen ertönen seltsame Geräusche.
„Hört ihr das?", fragt Tarek.
Ronja und Charlotte nicken.
Die Kinder hören ein metallisches BONG!
Dann folgt ein Wiehern mit einem AUTSCH!
40 in der Mitte.
Die Blicke wandern hoch zum zweiten Stock.
Die drei Freunde reißen die Augen auf.
„Uff!", murmelt Tarek.
„Upps!", macht Charlotte.
45 „Oha", flüstert Ronja.
Auf ihrem Balkon steht ein Pferd.

Text: Martin Klein / Bilder: Marion Goedelt

Himmel und Hölle

Hüpfe mit geschlossenen Beinen.

Hüpfe mit gekreuzten Beinen.

Hüpfe nur auf einem Bein.

Profis hüpfen mit geschlossenen Augen.

MONTAG
16 Uhr Fußball

Mittwoch
mit Papa ins
Schwimmbad

Meerschweinchen
füttern

Schreibe dir deinen Merkzettel. Wo klebst du ihn am besten hin?

Aus **Pf** wird **H**!

Sonntagnachmittag

Auf Brücken stehn.

Ins Wasser sehn.

Runterspucken.

Nach Fischen gucken.

Peter Maiwald

Bücher
zurückbringen
Öffnungszeiten
in den Ferien:
Mo. u. Do.

NICHT
VERGESSEN
Flöte üben !!

Sonntag 15 Uhr
vorm Kino
mit Merve treffen

Abfallverwertung

Glasscherbe

Orangenschale

Löffelstiel

Dachrinne

5 Lauter weggeworfenes Zeug!

Was tust du damit?

Nimm von jedem etwas.

Es lohnt sich.

(Nimm von jedem Wort

10 den Anfangsbuchstaben.)

Josef Guggenmos

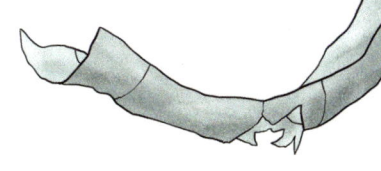

Pippi ist ein Sachensucher

„Was wollen wir jetzt machen?", fragte Tommy.

„Was ihr machen wollt, weiß ich nicht", sagte Pippi.

„Ich werde jedenfalls nicht auf der faulen Haut liegen.
Ich bin nämlich ein Sachensucher, und da hat man

5 niemals eine freie Stunde."

„Was hast du gesagt, was du bist?", fragte Annika.

„Ein Sachensucher."

„Was ist das?", fragte Tommy.

„Jemand, der Sachen findet, wisst ihr. Was soll es

10 anderes sein?", sagte Pippi. „Die ganze Welt ist voll
von Sachen, da ist es wirklich nötig, dass jemand
sie findet. Und das gerade, das tun die Sachensucher."

„Was sind das denn für Sachen?", fragte Annika.

„Ach, alles Mögliche", sagte Pippi. „Goldklumpen

15 und Straußenfedern und Knallbonbons und
ganz kleine Schraubenmuttern und all sowas."

Tommy und Annika fanden, dass es ganz nett klang,
und wollten auch gern Sachensucher werden.

Text: Astrid Lindgren / Bilder: Katrin Engelking

Musik mit Müll

Aus Abfall kannst du tolle Sachen basteln,
zum Beispiel Rasseln zum Musikmachen.

Du brauchst:

- zwei leere Joghurtbecher (gleich groß)
- Klebeband
- Reis oder getrocknete Erbsen
- bunte Papierschnipsel
- Klebestift

So geht es:

1. Wasche die Joghurtbecher sauber aus.
2. Fülle in einen der Becher Reis oder Erbsen.
3. Setze den zweiten Becher auf den ersten Becher,
   so dass die Becherränder aufeinander liegen.
4. Klebe die Ränder mit Klebeband fest zusammen.

Fertig ist die Rassel!

Wenn du Lust hast, schmücke die Rassel
noch mit bunten Papierschnipseln.

Du kannst auch noch andere Sachen mit leeren Joghurtbechern machen. Sieh nach auf Seite 129.

Bastle eine Rassel mit wenig Reis und eine mit viel Reis. Oder eine Rassel mit Reis und eine mit Erbsen. Wie klingen sie? Vergleiche.

Ich habe viel zu tun

Also, wenn meine Mama und mein Papa wüssten,
was ich alles so zu tun habe, dann würden sie
nicht immer schimpfen, wenn ich meine Schulaufgaben
nicht gemacht habe.

5 Da habe ich nämlich gar keine Zeit für.
Zum Beispiel gestern hätte ich sie ja eigentlich gemacht.
Aber dienstags muss ich mich beeilen, weil ich
nur ganz wenig Zeit für das Mittagessen habe.
Denn ich muss schon um zwei beim Judo sein.

10 Das geht fast bis halb vier, und danach
muss ich zack, zack wieder nach Hause,
weil ich dienstags auch noch Klavier habe um vier.
Jedenfalls war ich gestern zu spät und
der Klavierlehrer war ein bisschen böse deshalb.

15 Und ich habe dann extra schön für ihn gespielt
und er war zufrieden.
Und dann war es auch schon halb fünf.

Schulaufgaben
nicht gemacht
gar keine Zeit

Mittagessen
Judo

Klavier

Und ich habe meine Noten gepackt und musste
zur Oma, weil die gesagt hat, ich kriege bei ihr   Oma
20 nur Kuchen, wenn ich nicht nach fünf klingele,
weil dann die Frau Schönlebe kommt.
Und als ich kam, war die Frau Schönlebe schon da.
Meine Oma hat mir dann den Kuchen eingepackt.
Ich habe ihn in meine Notentasche getan, wo er
25 ganz zerdrückt war, als ich zu Hause ankam,
und Mama hat ein bisschen geschimpft,
weil die Sahne zwischen die Noten gekommen ist.
Dann habe ich mit Papa ferngesehen und   ferngesehen
danach am Computer gespielt.   Computer
30 Und dann gab es Abendessen und danach musste ich   gespielt
mit meiner Schwester streiten und die Fische füttern   Abendessen
und nachsehen, was der Apfel unter meinem Bett macht.   streiten
Aber er liegt da nur herum.   Fische füttern
Und dann war ich aber ganz schön müde und   nachsehen, was
35 die Hausaufgaben habe ich leider vergessen.   der Apfel macht
Aber da kann ich nichts dafür, denn das liegt nur daran,
dass ich so viel zu tun habe.

Jan Weiler

Hatte das Kind
Zeit für seine
Hausaufgaben?

Der zwölfte Mann

Wir laufen auf das Feld.
Papa hält mich kurz an.
„Ich bin der zwölfte Mann", sagt er.
„Ich schrei dich ganz nach oben."

5 Aber ich will nicht ganz oben sein.
Ich will einfach nur auf dem Spielfeld sein.

Der Schiedsrichter pfeift. Das Spiel fängt an.
Der Ball rollt vor meine Füße.
„Lauf nach links und dann nach vorn!",
10 höre ich Papa schreien.
Ich gebe dem Ball einen kräftigen Tritt.
Das Leder trifft das Netz von der Seite.
„Falscher Fuß!", schreit Papa.
Lukas rennt zu mir rüber.
15 „Ist das dein Papa, der da so brüllt?"
Ich nicke.
Nur die Mama von Jens ist noch schlimmer.
Mit giftigen Worten keift sie den Schiedsrichter an.

„Die rechte Seite ist frei", ruft der zwölfte Mann.
20 Schnell, schnell!
Ich renne aufs Tor zu. Ich schieße.
Der Ball ist drin. Ich höre es an Papa.

Hilde Vandermeeren

Und jetzt: Schuss!

Bei diesem Spiel können 12 Kinder oder mehr mitmachen.
Sie haben verschiedene Rollen:
Ein Kind ist der Trainer.
11 Kinder sind die Spieler.

Die Spieler stehen dem Trainer gegenüber.
Er sagt bestimmte Aufgaben an:

„Und jetzt: kreisen!" – *mit beiden Armen seitlich kreisen*
„Und jetzt: hüpfen!" – *auf einem Bein hüpfen*
„Und jetzt: trippeln!" – *auf der Stelle trippeln*
„Und jetzt: Schuss!" – *den Fuß vorstrecken wie zum Schuss*

Die Ansagen werden ein paar Mal geprobt.
Danach beginnt das Spiel.
Dabei kommt es darauf an,
die Ansagen schnell und richtig umzusetzen.

Die Spieler befolgen die Ansagen des Trainers.
Das dürfen sie aber nur, wenn er vorab „und jetzt" sagt.
Fehlt die Ansage und er sagt zum Beispiel nur „hüpfen",
dürfen die Spieler die Ansagen nicht befolgen.
Sie müssen die Aufgabe von vorher weitermachen.

Jedes Kind, das einen Fehler macht,
wechselt auf die Seite des Trainers.
Der Trainer und die Kinder auf seiner Seite
dürfen Fehler machen, um die anderen Spieler zu verwirren.
Schaffen sie es, alle Spieler auf ihre Seite zu bekommen?

Der Sonnenwecker

Ich krähte.
Die Sonne ging auf.
Ich hatte sie geweckt.

Gegen Mittag
5 kam Hedi zu mir.
Hedi ist so alt wie ich.
Sie sagte:
„Bild' dir bloß
nichts ein. Die Sonne
10 geht auch ohne dich auf."

Ich glaubte ihr nicht.
Und weckte
am nächsten Morgen
die Sonne.
15 Ganz allein.

„Du weckst sie nicht.
Du weckst sie nicht.
Und ich kann es beweisen",
sang Hedi und
20 lief hinter den Stall.

Sie hatte einen Stock
in der Kralle und
malte etwas in den Sand.

„Hör zu, du Hähnchen,
25 die Sache läuft so:
Unsere Erde ist eine Kugel
und fliegt um die Sonne.
Nur für uns sieht es so aus,
als ob sie aufgeht.
30 In Wirklichkeit fliegen wir
um die Sonne, kapiert?"

Wir sahen auf die Zeichnung.
„Totaler Blödsinn!", rief ich.
„Der Hahn weckt die Sonne!
35 Das weiß doch jedes Kind."

Text: Martin Baltscheit
Bilder: Christoph Mett

Schnupper-Seite: Frühlingsduft

März

Es kommt eine Zeit,
da nimmt's ein böses Ende
mit dem Schneemann.

Er verliert seinen schwarzen Hut,
5 er verliert seine rote Nase,
und der Besen fällt ihm
aus der Hand.
Kleiner wird er von Tag zu Tag.
Neben ihm wächst ein Grün
10 und noch ein Grün
und noch ein Grün.

Elisabeth Borchers

Ich freue mich, wenn ich dich seh,
ich finde dich so nett,
ich schenke dir mein H und E ,
mein R und auch mein Z.

Frantz Wittkamp

I love pink
I love blue
But best of all
I love you.

Eiertitschen

Spielt zu zweit: Nehmt jeder ein hart gekochtes Ei.

Stoßt die Spitzen der Eier aneinander.

Wessen Ei ist heil geblieben? Gewonnen!

Mach es wie die Sonnenuhr, zähl die heit'ren Stunden nur.

EIEIEIEIEIEIEIEIEI
EIEIEIEIEIEIEIEIEI
EIEIEIEIEIEIEIEIEI
EIEIEIEIEIEIEIEIEI
EIEIEIGELBEIEIEIEI
EIEIEIEIEIEIEIEIEI
EIEIEIEIEIEIEIEIEI
EIEIEIEIEIEIEIEIEI
EIEIEIEIEIEIEIEIEI

Karlhans Frank

Nicht sehr häufig **r**asen **H**ennen,

öfter sieht man **H**asen **r**ennen.

Paul Maar

Aus **R** wird **H**!

Frühlingsanfang

Wann Frühlingsanfang ist, steht immer schon Monate vorher
im Kalender. Aber woher wollen die Kalendermacher
das eigentlich wissen? Könnte doch sein, dass es
schrecklich kalt ist an diesem Tag.

5 Wann Frühlingsanfang ist, hängt nicht vom Wetter ab.
An dem Tag, der bei uns Frühlingsanfang heißt,
ist der Tag genauso lang wie die Nacht. Überall auf der Erde
ist das an diesem Tag so. Bei uns scheint die Sonne von da ab
jeden Tag ein bisschen länger, als sie nachts verschwunden ist.
10 Und da muss ja der Frühling wohl anfangen, ist doch sonnenklar!

Kaum ist der Schnee weg, spitzen auch schon
die ersten Schneeglöckchen aus der Erde.
Darauf kann man sich wirklich jedes Jahr verlassen.
Irgendwoher wissen die ganz genau, wann sie
15 aus der Erde kommen müssen! Aber woher?
Haben die einen Wecker in der Erde, der, wenn er
auf Frühling steht, ganz laut anfängt zu klingeln?

Pflanzenwecker – gibt es den?

Im Winter, wenn der Boden gefroren ist, macht die Blumenzwiebel
20 so eine Art Winterschlaf. Wenn es aber jetzt im Frühling wärmer wird,
taut der Erdboden auf und die Zwiebel kann wieder Wasser und
Nährstoffe aus der Erde aufnehmen. Sie beginnt wieder zu wachsen.
Schneeglöckchen haben also keinen Wecker – sie spüren einfach nur,
wenn es im Frühling wärmer wird.

Julia Autolny, Ursel Böhm, Anja Mösing

Wann fängt für dich
der Frühling an?

Samenbomben basteln

Samenbomben sind kleine Kügelchen aus Ton,
Erde und Blumensamen.
Du kannst sie im Frühjahr einfach ins Beet werfen.
Wenn es regnet, weichen die Kügelchen auf.
Und schon bald wachsen daraus die schönsten Blumen.

Du brauchst:

- 1 Tasse Tonerde oder Lehmpulver
  (Tonerde gibt es zum Beispiel in der Apotheke)
- 2 Tassen Anzuchterde
- 1 Tasse selbst geerntete oder gekaufte Blumensamen,
  zum Beispiel Sonnenblume, Kornblume, Ringelblume,
  Stockrose
- eine Schüssel

So geht's:

Mische eine Tasse Tonerde mit zwei Tassen Anzuchterde
und einer halben Tasse Samen in einer Schüssel.
Gib nur so viel Wasser hinzu, dass du die Masse
gut kneten kannst.
Forme dann kleine Kügelchen und lasse sie
ein bis zwei Tage trocknen, bis sie ganz hart sind.

Anke Küpper

Die Amseln

Sobald es Frühling wird, singt
das Amselmännchen. Mit seinem Gesang
lockt es ein Amselweibchen an.
Das Amselmännchen ist leicht am
5 schwarzen Gefieder und dem leuchtend
gelben Schnabel zu erkennen.

Wenn das Männchen ein Weibchen gefunden hat,
beginnt der Nestbau. Sie suchen sich dafür Bäume,
geschützte Hecken oder dichte Büsche.
10 Das Nest aus dünnen Zweigen polstern sie
mit Moos und Gräsern.
Dann legt das Amselweibchen vier
oder auch mehr Eier in das Nest.

Das braune Federkleid des Amselweibchens
15 ist eine gute Tarnung während der Brutzeit.
Nach ungefähr zwei Wochen schlüpfen die jungen
Amseln. Sie sind dann noch nackt und blind.

Jetzt haben die Amseleltern viel zu tun.
Die Amselküken haben immer Hunger.
20 Sie sperren die Schnäbel weit auf.
Die Eltern füttern sie mit Würmern, Insekten,
Spinnen, Beeren und Früchten.

Nach zwei Wochen werden die jungen Amseln
flügge. Sie verlassen das Nest. Aber sie bleiben
25 noch eine ganze Zeit in der Nähe der Eltern und
lassen sich von ihnen füttern.

Das Samenkorn

Ein Samenkorn lag auf dem Rücken,
die Amsel wollte es zerpicken.
Aus Mitleid hat sie es verschont
und wurde dafür reich belohnt.
5 Das Korn, das auf der Erde lag,
das wuchs und wuchs von Tag zu Tag.
Jetzt ist es schon ein hoher Baum
und trägt ein Nest aus weichem Flaum.
Die Amsel hat das Nest erbaut,
10 dort sitzt sie nun und zwitschert laut.

Joachim Ringelnatz

Amselmann

Auf dem Haus, auf dem Dach
macht ein schwarzes Männchen Krach.
Flötet, zwitschert, jubelt, singt,
dass es in den Ohren klingt.
Reißt den Schnabel auf und schreit:
Es ist wieder Frühlingszeit!

Heinz Brand

Zehn kleine Osterhasen

Spielstück für 5 Erzähler, 5 Erzählerinnen und 10 Hasen

1. Erzähler: Zehn kleine Osterhasen
liefen durch den Klee.

1. Hase: Für heute habe ich genug.
Mir tun die Beine weh.

1. Erzählerin: Neun kleine Osterhasen
rührten Farbe an.

2. Hase: Da fiel ich in den Farbentopf.
Ich bin Sebastian.

2. Erzähler: Acht kleine Osterhasen
färbten Ei um Ei.

3. Hase: Ich bin der Kleinste und bin müd,
ohwei, ohwei, ohwei.

2. Erzählerin: Sieben kleine Osterhasen
malten noch so gern.

4. Hase: Da hau ich ab, ich hab genug
und schaue lieber fern.

3. Erzähler: Sechs kleine Osterhasen
aßen zu viel Kohl.

5. Hase: Ich muss aufs Klo, ich fühle mich
nicht ganz so richtig wohl.

Wer kann das singen?

3. *Erzählerin:*   Fünf kleine Osterhasen
malten lange schon.

6. *Hase:*   Habt ihr das Läuten nicht gehört?
Ich muss ans Telefon.

4. *Erzähler:*   Vier kleine Osterhasen
plagten sich so sehr.

7. *Hase:*   Nun ist die Zeitung endlich da.
Da hält mich keiner mehr.

4. *Erzählerin:*   Drei kleine Osterhasen
tranken Tee mit Rum.

8. *Hase:*   Ich mache schlapp. Ich kann nicht mehr.
Ich falle leider um.

5. *Erzähler:*   Zwei kleine Osterhasen
schafften so wie zehn.

9. *Hase:*   Mir fallen schon die Augen zu.
Ich muss jetzt schlafen gehn.

5. *Erzählerin:*   Ein kleiner Osterhase
hatte Riesenstress.

10. *Hase:*   In höchster Not, an alle ging,
gleich eine SMS.

Alle Erzählerinnen und Erzähler:
Neun kleine Osterhasen
liefen schnell herbei,
und es malten alle zehn
wieder Ei um Ei.

Bernhard Lins

Das Apfelmännchen

Es war einmal ein armer Mann,
der hatte einen Apfelbaum.
Die Blätter des Baumes waren leuchtend grün,
und unter seiner Rinde saß kein einziger Wurm.
5 Dennoch trug der Baum nie eine Blüte
und nie einen Apfel!

Wenn der Frühling ins Land kam,
schaute der arme Mann traurig
über den Nachbarzaun.
10 Die Bäume der anderen Leute
blühten wunderbar.
Hunderttausend zarte Blüten
schimmerten in der Sonne.
Sein Baum aber
15 trug keine einzige Blüte.

Der arme Mann war deswegen traurig.
Und wenn er abends im Bett lag,
dachte er darüber nach und
wünschte sich nur einen einzigen
20 Apfel an seinem Baum.
Er braucht gar nicht so schön sein,
dachte er im Stillen.

Und da kam, was kommen musste:
In einer Nacht im Frühling
25 spross an dem Apfelbaum
eine wunderbare weiße Blüte.

Als der Mann morgens aufwachte
und die Blüte sah,
glänzten seine Augen vor Freude.
30 Er tanzte um seinen Baum,
und er bewachte die Blüte Tag und Nacht.
Sie sollte nicht zu viel Regen bekommen,
aber auch nicht zu wenig.
Schien die Sonne zu heiß,
35 machte er der Blüte
mit der Hand Schatten.

Im Sommer wurde aus der Blüte
ein kleiner Apfel.
Der arme Mann freute sich.
40 Seine Wangen waren rot und
seine Augen klar wie der Sommerhimmel.
Das war eine herrliche Zeit!

Text und Bilder: Janosch

Wie kann die Geschichte weitergehen? Betrachte auch das Buch-Cover.

Hör mal

Mein Nachbar liest ein Buch

PSSST! Ruhe.

> Der Nachbar liest.
> Der Nachbar liest ein Buch.

BOING BOING

> Das Mädchen spielt.
> Das Mädchen spielt mit dem Ball.

KLOPF

> Der Nachbar klopft.

PSSST! Ruhe.

> Der Nachbar liest.
> Der Nachbar liest ein Buch.

LA-LA-LA

> Das Mädchen singt.
> Das Mädchen singt ein Lied.

KLOPF KLOPF

> Der Nachbar klopft, wütend.

PSSST! Ruhe.

> Der Nachbar liest.
> Der Nachbar liest ein Buch.

TAMM TAMM TAMM

> Das Mädchen schlägt.
> Das Mädchen schlägt auf die Trommel.

KLOPF KLOPF KLOPF

Der Nachbar klopft, sehr wütend.

KLACK KLACK KLACK

TRIPPEL TRIPPEL TRAPPEL

DOING DOING DOING

PSSSSST!

Der Nachbar liest.
Der Nachbar liest nicht mehr.
Buch zu
Jacke an
Schal um
Licht aus
Der Nachbar hat eine Idee.

KLOPF KLOPF KLOPF

Ein Paket.
Ein Paket vom Nachbarn.

OH ... Ein Buch.

Text und Bilder: Koen Van Biesen

Schnupper-Seite: Hör mal

Warum haben wir zwei Ohren?
Mit zwei Ohren können wir hören,
woher ein Geräusch kommt.
Zum Beispiel von links oder rechts.
Denn das eine Ohr hört das Geräusch
einen winzigen Moment früher
als das andere Ohr.
Durch diesen kleinen Zeitunterschied
können wir die Richtung bestimmen.

**Warum haben Elefanten
so große Ohren?**
Sie fächeln sich mit ihren
großen Ohren Luft zu.
So kühlen sie ihren Körper ab.

Finde das OHR
OHRENSCHMALZ
FERNROHR
ROHRLEITUNG
BOHRMASCHINE
SCHLITZOHR
MOHRRÜBE

Aus **M** wird **L**!

Verhört

Max sitzt in der Wanne.
Max schwitzt in der Kanne.
Max flennt wegen Anne.
Max pennt in der Pfanne.

Es war einmal ein Reh

Es war einmal ein Reh
Das hatte Ohrenweh.

Es ging zu einer Schlange
Die zog ihm mit der Zange

Aus seinem Innenohr
Ein Vogelnest hervor.

Das Reh bedankte sich lange
Bei dieser netten Schlange.

Franz Hohler

Geräusche-Wörter

Fahrradklingel: dringdrong!   Zahnpastatube: spritz!
Klavier: klimperklimper!   Ball: doing!
Telefon: düdelüt düdelüt!   Gummiente: quiiiietsch!

Wie klingt ein Klettverschluss?
Wie klingt …?

Sophiechen und der Riese

„Ich bin der Traum-Riese", sagte
der GuRie. „Ich puste Träume in
die Zimmer, wo die Kinder schlafen.
Schöne, bunte Träume, die den,
5 der sie träumt, glücklich machen."
„Langsam, langsam",
sagte Sophiechen. „Und woher
hast du diese Träume?"
„Die sammle ich", sagte der GuRie
10 und zeigte dabei auf seine vielen,
vielen Glasgefäße an den Wänden.
„Wenn so ein Traum bei Nacht
durch die schwarze Finsternis fliegt,
macht er dabei einen ganz, ganz
15 schwachen Ton, ein sirrendes
Schwirren oder ein schwirrendes
Sirren. Dieses Sirren und Schwirren
ist so zart und fein, dass kein
menschliches Lebewesen es hören
20 kann."
„Und du? Kannst du das denn hören?",
fragte Sophiechen.

Der GuRie zeigte auf seine ungeheuer
großen Segelohren, mit denen er nun
25 hin und her wedelte. Voller Stolz
machte er dieses Kunststück vor.
„Siehst du die hier?", fragte er.
„Die kann man gar nicht übersehen",
sagte Sophiechen.
30 „Vielleicht findest du, sie sehen
ziemlich verrückt aus", sagte
der GuRie. „Aber du kannst mir
glauben, das sind wirklich ganz
außergewöhnliche Ohren. Über die
35 darf man sich nicht lustig machen."
„Mach ich auch bestimmt nicht",
sagte Sophiechen.
„Mit denen kann ich nämlich absolut
alles hören und wenn es noch so
40 wisperflüsterleise ist."

„Etwa auch Sachen, die ich nicht hören kann?", fragte Sophiechen.

„Gegen mich bist du auf beiden Ohren taub wie eine Taubnessel", rief der

45 GuRie. „Du kannst ja nur die reinsten Donnerbumsknallkrachereien hören mit deinem niedlichen kleinen Ohrmüschelchen. Aber ich höre alles, auch die heimlichsten Flisperflüster-

50 geräusche auf der Welt."

„Was für welche zum Beispiel", fragte Sophiechen.

„Du müsstest unbedingt mal die kleinen Mäuschen reden hören!",

55 sagte der GuRie. „Ohne Pause reden die kleinen Mäuschen miteinander, und ich höre ihre Stimmen so laut wie meine eigene Stimme."

„Und worüber sprechen die?",

60 fragte Sophiechen.

„Das wissen nur die Mäuschen selbst", sagte er.

„Auch die Spinnen sind dauernd am Reden. Ob du's glaubst oder nicht,

65 aber die Spinnen sind fürchterliche Quasseltanten. Und wenn die ihre Spinnweben bauen, singen sie dabei. Und zwar singen sie schöner als Nachtigallen."

70 „Ob wohl jetzt gerade ein Traum durch die Höhle fliegt?", wollte Sophiechen wissen. Der GuRie verdrehte seine großen Ohren in alle Richtungen und lauschte

75 angestrengt. Schließlich schüttelte er den Kopf.

„Zurzeit ist hier kein Traum unterwegs."

Roald Dahl

Warum der Elefant
so schöne große Ohren hat

Der sagte:
„Lauf um den Busch herum!"
Der  rannte durch den Busch.

Das  belehrte:
5 „Komm nicht in die Steppe!"
Der jagte durch das Gras.

Der mahnte:
„Iss nicht vom Baum!"
Der  naschte vom Baum.

10 Das  sprach:
„Geh nicht ins Wasser!"
Der  nahm ein Bad.

Der  krächzte:
„Sei still!"
15 Der  trompetete.

Weil der  nicht hören konnte,
bekam er große Ohren.

Doch da es auch richtig ist,
wenn man nicht auf jeden hört,
20 sind seine Ohren so schön.

Günter Ullmann

Herr Glamek buchstabiert

Herr Glamek spricht am Telefon
mit seinem Nachbarn Peterson.
Er glaubt, dass man ihn nicht versteht,
und buchstabiert, so laut es geht:
5 „Hier Glamek – sprech ich denn so leise?
Ich wiederhole, stückchenweise:
Glamek – mit G wie in Giraffe,
mit L wie Löwe, A wie Affe;
mit M wie Möwe, E wie Ente
10 und K wie Kuh –
Hallo! Ja, hören Sie denn auch zu?"

Herr Peterson, der nicht versteht,
was bei Herrn Glamek vor sich geht,
der ruft: „Hallo!
15 Ist dort der Zoo?"

Hans Georg Lenzen

Stille Post

Setze dich mit mehreren Kindern in einen Kreis.

Du denkst dir einen Satz aus.

Flüstere den Satz einem anderen Kind ins Ohr.

Das Kind flüstert den Satz weiter und so fort.

Das letzte Kind im Kreis sagt den Satz laut.

Ist deine stille Post richtig angekommen?

Ich höre was, was du nicht siehst

„Ich habe meine Eltern verloren", rief Katharina.

„Wenn du willst", sagte Matthias, „helfe ich dir, sie zu suchen."

„Danke", sagte Katharina, „aber, … ich glaube nicht,
dass du mir helfen kannst. Dieser weiße Stock
bedeutet doch, dass du blind bist. Wie kannst du da
meine Eltern finden?"

„Ich habe ja auch dich gefunden", sagte Matthias.
Katharina erzählte ihm, dass sie ihre Eltern zuletzt
bei den Marktständen gesehen hätte,
und so beschlossen sie, dorthin zu gehen.

„Warum bist du eigentlich blind? Oder darf man
das gar nicht fragen?",
sagte Katharina nach einiger Zeit.
„Natürlich darf man das fragen. Ich bin von Geburt an blind."

KV 54

15 „Das ist aber schlimm", sagte Katharina. „Wenn man nichts sieht,
kann man ja gar nichts machen."

„Was glaubst du, kann ich nicht machen?", fragte Matthias.

„Na, zum Beispiel spielen. Ich spiele mit meinem Papa immer
‚Ich sehe was, was du nicht siehst'."

20 „… und das ist klein und schwarz", sagte Matthias.

„Das Auto, die Tasche, das Plakat, der Schuh …",
riet Katharina.

Matthias schüttelte immer den Kopf.

Schließlich gab Katharina auf.

25 „Den krächzenden Raben dort oben auf dem Baum
hast du wohl nicht gesehen?", sagte Matthias ein wenig stolz.

„Du siehst mit deinen Ohren wirklich mehr
als ich mit meinen Augen", meinte Katharina. „Jetzt bin ich dran."

Und so spielten sie ‚Ich höre was, was du nicht siehst'.

Franz-Joseph Huainigg

Ich höre was,
was du nicht siehst,
und das …

Geräusche raten

Ein Kind macht die Augen zu.
Du machst Geräusche:

Blättere eine Heftseite um.

Schraube eine Flasche zu.

Beiße in einen Apfel hinein.

Mache einen Klettverschluss auf.

Spitze einen Bleistift an.

Reiße ein Blatt Papier durch.

Ziehe einen Reißverschluss hoch.

Erkennt das Kind, was du machst?

Hör mal

Ein Flüstern, ein Rauschen oder ein Knall – jedes Geräusch erzeugt unsichtbare Wellen in der Luft.
Sie werden Schallwellen genannt. Diese Schallwellen fängt deine Ohrmuschel auf. Sie werden dann als Schwingungen bis zum Gehirn geleitet. Jetzt erst sagt dir dein Gehirn: Du hast ein Geräusch gehört!

Wie laut?

Geräusche werden in Dezibel (dB) gemessen. Die meisten Menschen können bis zu 130 Dezibel gut aushalten, mehr ist schmerzhaft.

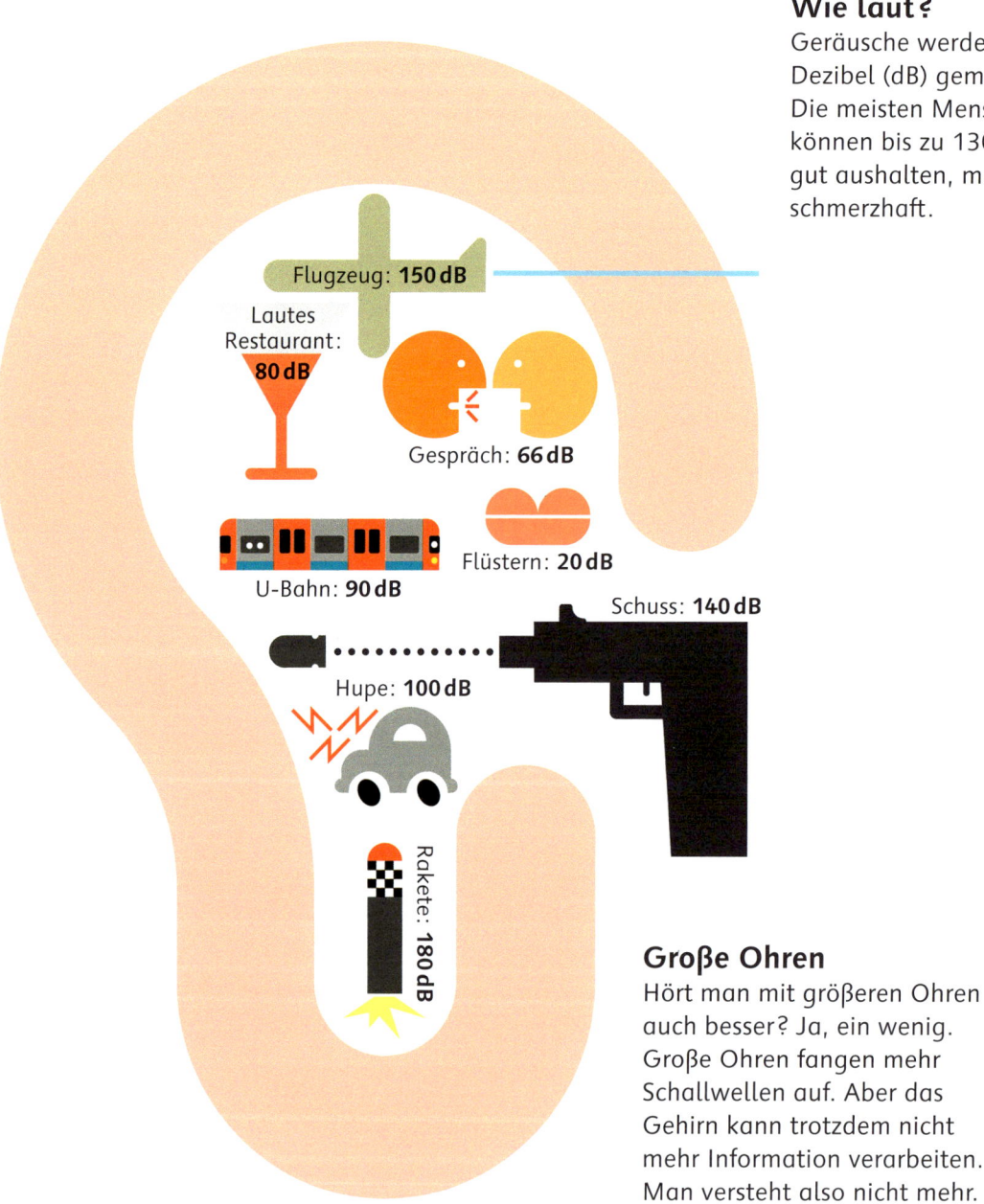

Flugzeug: **150 dB**

Lautes Restaurant: **80 dB**

Gespräch: **66 dB**

Flüstern: **20 dB**

U-Bahn: **90 dB**

Schuss: **140 dB**

Hupe: **100 dB**

Rakete: **180 dB**

Große Ohren

Hört man mit größeren Ohren auch besser? Ja, ein wenig. Große Ohren fangen mehr Schallwellen auf. Aber das Gehirn kann trotzdem nicht mehr Information verarbeiten. Man versteht also nicht mehr.

Telefonieren mit dem Schnur-Telefon

Das braucht ihr:

2 leere Joghurtbecher,
Paketschnur oder Wäscheleine, 3 Meter lang
Schere

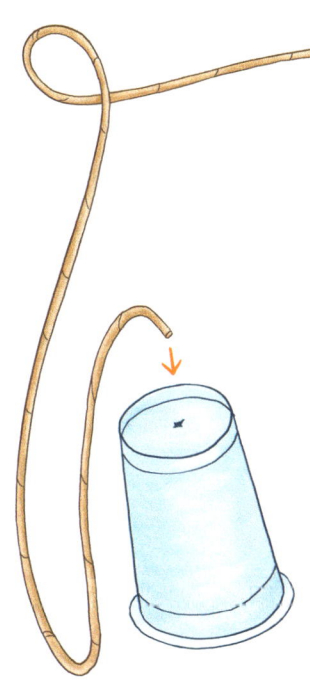

So wird es gemacht:

1. Bohrt mit der Schere vorsichtig ein Loch
   in jeden Becherboden.
   Das Loch soll nur so groß sein,
   dass die Schnur hindurchpasst.

> Vorsicht beim Löcher bohren!
> Lasst euch von einem
> Erwachsenen helfen.

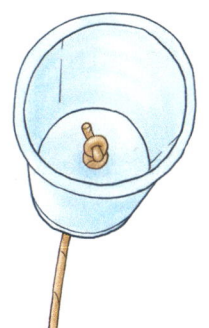

2. Zieht die Enden der Paketschnur oder der Wäscheleine
   durch die Löcher in den Joghurtbechern.
   In jedes Schnurende macht ihr einen dicken Knoten.
   Die Knoten müssen so dick sein, dass die Schnur
   nicht aus den Bechern herausrutschen kann.

3. Stellt euch so weit entfernt voneinander auf,
   dass die „Telefon-Schnur" straff ist.
   Ein Kind hält den Joghurtbecher ans Ohr.
   Das andere Kind spricht leise in den Becher hinein.

Die Erklärung:

Die Stimme bringt den Joghurtbecher in Schwingung.
Die Schwingung wird über die straff gespannte Schnur
von einem Becher zum anderen übertragen.
Nicht die Luft überträgt hier den Schall, sondern die Schnur.

Es wächst und grünt

Ritter Rüstig & Ritter Rostig

*Ritter Rüstig und seine Frau
Amarone leben in Freundschaft
mit ihren Nachbarn Ritter Rostig
und seiner Frau Salbadrine.*

5 Eines Tages, als Frau Amarone
die Hühner fütterte,
entdeckte sie etwas.
Es wuchs dort, wo früher
die große Mauer
10 zwischen den Burgen
gestanden hatte.

Ganz ohne Zweifel, es war
etwas Besonderes!
Die Pflanze wuchs und wuchs.
15 Einen Meter, zwei, drei, vier,
viereinhalb, fünf Meter!

„Oooooooooh!",
sagten alle – denn jetzt
entfaltete sie eine
20 wunderschöne Blüte.

Am Morgen neigte sich
die Blüte der Burg von Rüstigs
entgegen.
Am Abend senkte sie ihr Haupt
25 der Burg von Rostigs zu.

Das war ein Glück!
Jeden Tag trafen sie sich
unter der Blume.

Aber eines Nachts konnte
30 Frau Amarone nicht schlafen
und weckte Rüstig.
„Eigentlich ist es meine Blume.
Ich hab sie als Erste entdeckt.
Sie sollte **immer** zu uns schauen.
35 Findest du nicht auch?"
„Allerdings", sagte Rüstig.

In der nächsten Nacht
war es Salbadrine,
die nicht schlafen konnte.
40 „Wenn ich sie nicht gegossen hätte,
wäre die Blume nie so groß
geworden.

Sie sollte **immer** zu uns schauen.
Findest du nicht auch?"
45 „Allerdings", rief Rostig.
Da war aber was los
am nächsten Morgen!
Rüstig ergriff den Stiel,
Rostig zog an der Wurzel,
50 Amarone packte die Blätter,
Salbadrine zerrte am Seil,
dann hörten alle ein klagendes
Aaaaach –
und die Blume zerbrach.

Text und Bilder:
Binette Schroeder

Schnupper-Seite: Es wächst und grünt

Die Pflanze wächst

Die Pflanze

Die Pflanze wächst

Die Pflanze wächst aus

Die Pflanze wächst aus Samen und

Die Pflanze wächst aus Samen und bildet

Die Pflanze wächst aus Samen und bildet Wurzeln,

Die Pflanze wächst aus Samen und bildet Wurzeln, Stängel

Die Pflanze wächst aus Samen und bildet Wurzeln, Stängel und

Die Pflanze wächst aus Samen und bildet Wurzeln, Stängel und Blätter.

Kennst du den wunderbaren Geruch?

Kennst du den wunderbaren Geruch,
den Duft der Wörter im Wörterbuch?
Rose zum Beispiel oder Vanille,
Flieder und Veilchen oder Kamille,
Schnittlauch, Basilikum, Terpentin,
Thymian, Kaffee und Rosmarin,
Lebkuchen oder Kakao und Schinken,
aber es gibt auch Worte, die stinken.

Frantz Wittkamp

Aus **W** wird **R**!

Wusstest du ...?

Es gibt Pflanzen, die nach Gummibärchen,
Schokolade oder Kaugummi duften.

Die gelben Blüten
der Schokoladenblume
5 riechen nach
Vollmilchschokolade.

Wenn du die gelben
Blütenköpfchen
der Gummibärchenpflanze
10 zwischen den Fingern reibst,
duftet es nach
Gummibärchen.

Reibst du ein Blatt
des Marienblattes
15 zwischen deinen Fingern,
riecht es nach
Kaugummi.

Die Salbeipflanze
wird auch Zahnputzpflanze
20 genannt. Mit der rauen
Seite eines Blattes
putzt du deine
Zähne sauber.

Was ist eine Wiese?

Was ist eine Wiese?
Futter für die Kuh.
Und noch was dazu.
Gras und Blumen.
5 Schmetterlingsgeflügel.
Bienensummen.
Ameisengekrabbel. Käfergezappel.
Achtung! Maulwurfshügel!
Margeriten.
10 Rote Federnelken vor dem blauen Himmel.
Heupferd übt den Weitsprung bis zum Kümmel.
Ein Kamillenbusch öffnet
zwei Blüten.
Sommerfliegen flitzen
15 über Storchenschnabelmützen.
Hummeln brummeln im Honighaus
ein und aus.
Glockenblumen baumeln und bummeln.
Unten am Löwenzahn geigt
20 eine Grillenschnarre. Der Wind
spielt mit den Halmen Harfe
oder Gitarre,
alles regt sich und bewegt sich,
alles, was da lebt und schwebt,
25 leuchtet, knistert, flüstert,
brummelt, bummelt.
Was ist eine Wiese? –
Das ist eine Wiese.

Friedl Hofbauer

Gewöhnlicher Löwenzahn

botanischer Name: *Taraxacum officinale*

Die kräftige Wurzel, die tief in den Boden hineinwächst, macht den Löwenzahn zu einem gefürchteten Unkraut. Andererseits verschönern seine Blüten im Frühling die Wiesen. Jedes gelbe Blütenblatt ist eigentlich eine vollständige Blüte. Auf dem Köpfchen sitzen 100 bis 200 davon. Jede bringt einen Samen mit Schirmchen hervor. Die Schirmchen bilden einen weißen Flaum (Pusteblume), der vom Wind davongetragen wird.

Lecker!
Die jungen Blätter kann man wie Spinat gekocht oder auch roh essen.

Nicole Bustarret

Der Löwenzahn

Dem Löwenzahn zum Ruhme
gibt es die Pusteblume.
Die Pusteblume ist sein Kind.
Wenn ihr nicht pustet,
kommt der Wind
und pustet ihre Sterne.
Sie fliegen in die Ferne,
und wo sie landen, seht's euch an –
da wächst ein neuer Löwenzahn.

Heinz Kahlau

Der freundliche Gärtner

Es war einmal ein sehr freundlicher Gärtner.
Immer wenn er im Garten arbeitete,
sprach er mit den Blumen und Büschen.
Eines Abends schaute er zum Mond hinauf und seufzte:
5 „Wenn doch meine Blumen wie Menschen reden könnten."

Am nächsten Morgen wachte der Gärtner auf,
weil es draußen furchtbar laut war.
Im Garten riefen ihm die Büsche und Bäume laut entgegen:
„Wasser! Wasser! Wir haben Durst."
10 „Oje, ich wusste nicht, dass ihr morgens so durstig seid",
sagte der Gärtner.
Er holte schnell seine Gießkanne.
„Ich zuerst!", riefen alle Pflanzen durcheinander.
Während der Gärtner hastig die Blumen goss,
15 hörte er lautes Gekreisch vom Blumenbeet.
„Hilfe, das Unkraut quält mich!"

Der Gärtner rannte zum Rosenbeet
und begann das Unkraut zu jäten.
„Au, lass das", rief das Unkraut.
20 Dann gab es einen Streit.
„Du wirfst Schatten", schimpfte die Rhabarberpflanze.
„Du nimmst meine Nahrung aus dem Boden",
schimpfte der Obstbaum zurück.

Als es endlich Abend wurde, schliefen die Pflanzen ein.
25 „Ich glaube, ich möchte lieber alles wie vorher haben",
sagte der freundliche Gärtner.

Jan Mogensen

Die Pflanzen-Sprache

Forscher haben herausgefunden, dass manche Pflanzen
sich miteinander unterhalten. Sie sprechen aber nicht
wie wir Menschen. Sondern sie verständigen sich
durch verschiedene Duftstoffe. Man könnte also sagen,
5 sie sprechen mit der Nase.

Pflanzen plappern natürlich nicht über das nächste
Fußballspiel oder darüber, wer in wen verliebt ist.

Pflanzen unterhalten sich häufig über Schädlinge,
wie Blattläuse, oder über Krankheiten, wie Pilze.
10 Es geht bei ihnen also darum, was ihnen schadet.

Tomaten senden einen Notruf aus, wenn sie zum Beispiel
von irgendwelchen Plagegeistern angeknabbert werden.
Das funktioniert dann so: Sie senden einen speziellen Duft
aus, der genau die Tiere anlockt, welche die Schädlinge
15 auf der Tomate gerne fressen. Schon sind die Tomaten
ihr Problem wieder los.

Annabelle Hauk

Medien

Stecker raus und aus die Maus

Im Wohnzimmer hörte man Summen und Klicken.
Die Kids spielten Games, es war schon spät –
doch so viele Tasten gab es zu drücken.
Und der Bildschirmschoner auf dem einen Gerät
5 konnte miese Vögel ins Weltall schicken.

Das Summen und Piepsen und Klingeln und Tippen,
das Dudeln und Blinken und Senden und Zippen,
das Boinxen und Tappen und Klicken der Maus:
das hielt die Oma nicht mehr aus.

10 Ruhe sanft, du Spielgerät.

Schlaf gut, Handy, es ist spät.

Tschüss, ihr Bilder, die den Bildschirm schonen.

Träumt schön, Tiere, die im Weltraum wohnen.

Gute Nacht, Bücher ohne Papier.

15 Nachrichtenstrom, du endest hier.

Schluss mit dem nervigen Klingelton.

Schlaft nun, ihr Games im smarten Fon.

Rein ins Bett und Stecker raus.

Der ganze Schnickschnack ist jetzt aus.

Text und Bilder: Ann Droyd

Schnupper-Seite: Medien

Was ist das?

Bild- 　　　Computer- 　　　Hör-

Finde zwei andere Wörter für „Fernseher"

```
R G Z H L Ö P K J H G O P G P L G
A D I F L I M M E R K I S T E G F K I
H G Z I Ä J H G F I O H P P K H F D S
H S W A W T H D J U O N P I F W L
P Z T G B L Ö J G L O T Z E X T F P
P P N G P M Ü T Ö D L I F K K I T
```

Aber nicht ins Buch schreiben.

Stimmt das?

Wer zu viel vor dem Computer sitzt,
bekommt eckige Augen!

Nein, das ist ein Spruch von Eltern.
Damit wollen sie die Kinder
5　davon abhalten, zu lange
vor dem Computer oder auch
vor dem Fernseher zu sitzen.

Richtig ist: Wer lange
auf einen Bildschirm starrt,
10　blinzelt selten. Die Augen
werden müde und trocken.
Oft röten sie sich und brennen.
Und man bekommt Kopfweh.
Deshalb sollte man nicht
15　zu lange vor der Kiste hocken.

Wen ruft der Elefant an?

acht, sieben, drei, fünf, zwei, zwei, vier

TRANSPORTE ALLER ART !!!
Anna Auermann, Autoverleih,
Telefon: 873 5642

NOTIZEN

Katharina Krepp, Katzenhotel, Telefon: 873 5676

Klassenliste 2b
Martin Müller, Mathelehrer,
Telefon: 873 5766

www.telefonnummern.de

Paula Paroli, Pizzalieferantin, Telefon: 873 5224

REITEN LERNEN
Rudolf Rabenstein, Reitlehrer, Telefon: 873 5645

Aus **a** wird **o**!

Eletelefonie

Es war einmal ein Elefant,
der griff zu einem Telefant ...
Ach Quatsch! Es war ein Elefon,
der griff zu einem Telefon ...

Laura E. Richards

Wer an wen?

A Darf ich heute Abend noch ins Kino gehen? Bitte, Mama!

B Hallo Alek, Fußball fällt aus. Holst du mich ab?

C Schatz, soll ich Milch mitbringen, wenn ich Luca abhole?

PAPA OMA LUCA LAURA MAMA ALEK

D Hallo, mein Junge, ich möchte die Kinder und dich zum Kuchen essen einladen. Wann habt ihr Zeit?

E Ja, bitte, und noch Saft und Wasser.

F Hey, ihr beiden, wollen wir am Papa-Wochenende schwimmen gehen?

Spielen unterwegs

Jeder, der ein Handy hat, kann heute unterwegs Spiele spielen:
im Bus, im Auto oder auf der grünen Wiese.
Vor 25 Jahren sah das noch anders aus.
Tragbare Spielekonsolen gab es damals kaum.
5 Videospiele konnten die meisten nur am Fernseher
oder Computer zu Hause spielen.
Doch dann kam der GAME BOY (gesprochen: Gäim Boi).
Es war die erste wirklich erfolgreiche, tragbare Spielekonsole.
Der GAME BOY hatte nur einen schwarz-grünen Bildschirm.
10 Die Grafik war aus heutiger Sicht eine Katastrophe.
Aber das Gerät war ein riesiger Erfolg.

Nachfolger des GAME BOYs gibt es auch heute noch.
Aber gegen das Handy haben die tragbaren Spielekonsolen
es mittlerweile schwerer.

dpa Kindernachrichten

Spiel doch mal draußen!

Fernsehgeschichten vom Franz

Bloß drei Programme kann der Franz
sehen. Oft beschwert er sich bei der
Mama: „Alle Kinder haben Kabel.
Oder eine Satelliten-Schüssel. Zwanzig
5 Programme können die sehen.
Und ich bin dauernd der Blöde."
Der Franz kommt sich wie „der Blöde"
vor, weil die Kinder in der Schule
immer von den Filmen reden, die sie
10 im Fernsehen angeschaut haben.
Und er kann dann nie mitreden.
Bei ihm zu Hause war man auch mit
den drei Programmen sparsam! Da
durfte der Fernseher nicht einfach
15 „laufen". Die Mama und der Papa
guckten sich immer in der Zeitung das
Fernseh-Programm an, und nur wenn
sie eine Sendung für „gut" hielten,
schalteten sie ein. Sehr oft kam das
20 nicht vor.
Es war nicht so, dass sie dem Franz
und seinem Bruder Josef das
Fernsehen richtig verboten hätten.
Aber sie lockten sie zu anderen Sachen.
25 Sie sagten: „Wir könnten der Oma
zum Geburtstag was basteln." Oder:
„Wie wär's, wenn wir Kekse backen?"
Hundert Sachen fielen denen ein.

Nur am nächsten Tag eben, in der
30 Schule, musste der Franz dann hören:
„Franz, der hat sich das wohl nicht
ansehen dürfen. Dem erlauben die
Eltern ja nur den Baby-Kram."
Ihn trifft das sehr. Für ihn ist „Baby"
35 das schlimmste Schimpfwort, das er
kennt. So hat sich der Franz, als er
wieder einmal bei der Oma war, bitter
über das „Baby"-Gerede beklagt.
Die Oma hat genickt und nachgedacht.
40 Schließlich hat sie gesagt:
„Das kriegen wir hin. Wir haben ja
gottlob den Kügerl."
Der Kügerl wohnt im Altersheim.
Er ist aufs Fernsehen ganz versessen.
45 „Was kann der Kügerl denn tun?",
fragte der Franz.
„Dir Informationen liefern, damit du
mitreden kannst", antwortete die Oma.
Und dann erklärte sie dem Franz,
50 wie sie sich das dachte.

Am nächsten Tag in der Schule, als
die Kinder davon redeten, was sie sich
heute im Fernsehen angucken wollten,
passte der Franz gut auf. Besonders
55 neugierig waren die Kinder auf einen
Film, der DIE ROTE RÄCHERIN
hieß. Um neun Uhr sollte der
beginnen.
Gleich, als der Franz aus der Schule
60 heimkam, lief er zum Telefon und
wählte die Nummer von der Oma.
„Hallo, hier Franz", sagte er. „Es geht
um dic rotc Rächerin. 21 Uhr, erstes
Programm."
65 Die Oma sagte: „Ich notiere:
Die rote Rächerin. 21 Uhr!
Wird sofort weitergeleitet."
„Dann bis morgen früh, Oma.
Tschüs!", rief der Franz und legte auf.

70 Am nächsten Morgen um sieben Uhr
klingelte beim Franz das Telefon.
Der Franz nahm ab. Er hatte einen
Notizblock vor sich liegen und sagte:
„Mann wird erpresst … wegen was
75 bitte? … Aha! … Ja, ja … die Erpresser
… aber wer sind die?" Dann lauschte
der Franz und nickte und nickte.
Schließlich sagte er noch:
„Danke, Oma." Dann legte er auf.

80 In der Schule ging es dem Franz an
diesem Tag sehr gut. Er konnte nicht
nur mitreden, sondern den anderen
sogar etwas erklären.
Von dem Tag an hatte der Franz in der
85 Klasse als Film-Experte großes
Ansehen.

Text: Christine Nöstlinger / Bilder: Erhard Dietl

Kennst du noch
andere Geschichten
vom Franz?

Das kann ich schon:
Fragen zu Texten
beantworten

Die Maus

„Klack-Klack, schnüff-schnüff!"
Sie ist orange, hat große Augen
und sechs Barthaare.
Die Maus ist keine normale Maus.
5 Als Trickfigur kann sie Dinge tun,
die keine andere Maus kann.
Sie benutzt ihre Barthaare
als Propeller. Sie kann
ihren Schwanz abnehmen
10 und verwendet ihn dann
als Korkenzieher, als Kabel
oder als Drachenschnur.
Auf der Internetseite www.wdrmaus.de
kannst du dir einige Lach- und
15 Sachgeschichten ansehen. Oder du
lädst dir ganz einfach die MausApp
herunter.

Elefant und Ente

Das sind die Freunde der Maus.
Für den Elefanten hat die Maus
ein Gedicht geschrieben:

Elefantabet

D rollig
E norm verspielt
R und wie ein Fußball

E hrlich
L iebenswürdig
E cht hilfsbereit
F ürchterlich stark
A ber fast immer müde
N eugierig und schlau
T rötet und trampelt ganz schön

Jetzt fehlt noch
ein Mausabet.

Und eins zu deinem Namen!

Das Brausepulver-Experiment

Ihr braucht:

- eine Flasche mit Wasser
- einen Luftballon
- eine Tüte Brausepulver

Das Experiment:

Füllt eine Flasche mit Wasser
und schüttet das Brausepulver hinein.
Dann stülpt ganz schnell einen Ballon
über die Flaschenöffnung.
Der Ballon bläst sich auf.

Die Erklärung:

Das Brausepulver reagiert mit dem Wasser.
Dabei entsteht das Gas Kohlendioxid.
Da Gas leichter als Wasser ist,
steigt es nach oben. Es kann nur
in den übergestülpten Ballon entweichen.
Dadurch wird der Ballon aufgeblasen.

Anleitungen für Experimente findet
ihr auch in Kinderzeitschriften.

Friedhelm Ptok: „Ich stelle mir die unterschiedlichsten Kinder vor."

Viele Kinder kennen seine Stimme: Friedhelm Ptok ist ein bekannter Hörbuch-Sprecher. Er liest Geschichten vor, und das wird in einem Studio

5 *aufgenommen. Zum Beispiel die Geschichten von „Ella".*

Sie lesen viele Hörbücher für Kinder. Was macht Ihnen daran Spaß?
Friedhelm Ptok: Mein Vergnügen beim Hörbücherlesen
10 liegt darin, dass es meine Fantasie anregt:
Ich stelle mir die unterschiedlichsten Kinder vor
– von laut bis leise, von aufgeregt bis müde.

Wenn Sie einen Hörbuch-Text bekommen, wissen Sie dann schon beim Lesen, wie sich die Figuren
15 **aus dem Buch anhören, zum Beispiel Ella?**
Friedhelm Ptok: Nein! Ich lese den Text so oft, bis für mich die Figuren lebendig werden. In meinen Gedanken spreche ich mit ihnen und versuche zu entdecken, welche Persönlichkeit und Haltung sie haben.

20 **Wie bereiten Sie sich auf die Aufnahme vor?**
Friedhelm Ptok: Ich versuche mir vorzustellen, wer das wohl ist, für den ich die Geschichte vorlese.

Sie sind auch Schauspieler. Was ist beim Hörbücherlesen anders?
25 Friedhelm Ptok: Als Schauspieler habe ich eine Bühne, die Zuschauer sehen Bilder. Beim Vorlesen habe ich nur meine Stimme. Ich muss die Bühne und die Bilder mit meiner Stimme selbst herstellen. Das mache ich vor allem durch eine bestimmte Betonung. Und ich gebe
30 den Personen eine eigene Art zu sprechen, die zu den Räumen und Bildern passt, in denen sie vorkommen.

Achtung, Aufnahme!

So kannst du selbst ein Hörbuch aufnehmen:

- Lies den Text für dich alleine.
  Stell dir die Figuren und Orte vor.
- Stelle dich dann zum Vorlesen gerade hin.
- Sprich laut und deutlich.
- Lies nicht zu schnell.
- Mache kurze Lesepausen zum Luftholen,
  zum Beispiel nach einem Punkt.
- Achte auf die Betonung.
- Verändere deine Stimme, sodass sie
  zu den Personen im Text passt.

Ich gehe jetzt nach Hause.

Probiere es einmal aus:
Sprich diesen Satz beleidigt,
wütend, fröhlich …

Versuche selbst einmal „Ella im Schwimmbad"
auf den Seiten 12 und 13 vorzulesen.
Halte dich dabei an die Tipps.
Nimm das Vorlesen mit einem Aufnahmegerät
oder einem Handy auf.
Höre dir danach die Aufnahme an: Was gefällt dir?
Was möchtest du verbessern?
Übe den Text und nimm dein Vorlesen wieder auf.
Wie klingt es jetzt?

Spiele deine Aufnahme anderen vor.
Frage deine Zuhörerinnen und Zuhörer,
was ihnen besonders gefallen hat.

Sommerhitze

Gerda Gelse

Hallo, mein Name ist Gerda Gelse!
Soll ich mich einmal beschreiben?
Ich habe zwei durchsichtige, feine Flügel,
wunderschöne, haarige Fühler
5   und einen langen Stechrüssel.
Dazu einen schlanken, behaarten Körper
und sechs lange Beine.

Ich wiege zwei Milligramm.
Das ist so schwer wie vier
10 von euren Menschenhaaren.

Ich mag es am liebsten warm und windstill.
Außerdem freue ich mich immer über Wolken,
denn zu viel Sonne bekommt mir nicht.

Wenn es zu stürmisch oder zu kalt ist,
15 suche ich mir lieber einen gemütlichen Platz
und verkrieche mich dort.

Besonders liebe ich die Abendstunden.
Da treffe ich mich mit vielen anderen
zum Tanz über dem Wasser.

20 Damit meine Eier wachsen können, brauche ich Blut.
Aus diesem Grund mache ich mich auf die Suche
nach einem gut duftenden Menschen.
Zum Glück zieht ihr euch im Sommer
immer extra kurze Sachen an, da kann ich
25 eure Haut besser finden.

Ich suche mir ein gutes Plätzchen und
steche ganz vorsichtig mit meinem Rüssel zu.
Ich bin zwar kein Elefant, aber ich habe trotzdem
einen Rüssel, einen Stech- und Saugrüssel.

30 Ich bemühe mich, euch ganz fein zu stechen,
damit ihr es nicht merkt.
Das juckt euch trotzdem? Das tut mir aber Leid.

Text: Heidi Trpak
Bilder: Laura Momo Aufderhaar

Stechmücken finden ihre Opfer
vor allem aufgrund des Geruchs und
der Körperwärme. Stechen sie zu,
geben sie in die Wunde Speichel ab
und verdünnen so das Blut, damit
sie es besser saugen können.
Eine weibliche Stechmücke kann
dabei das Dreifache ihres eigenen
Gewichts an Blut aufnehmen.

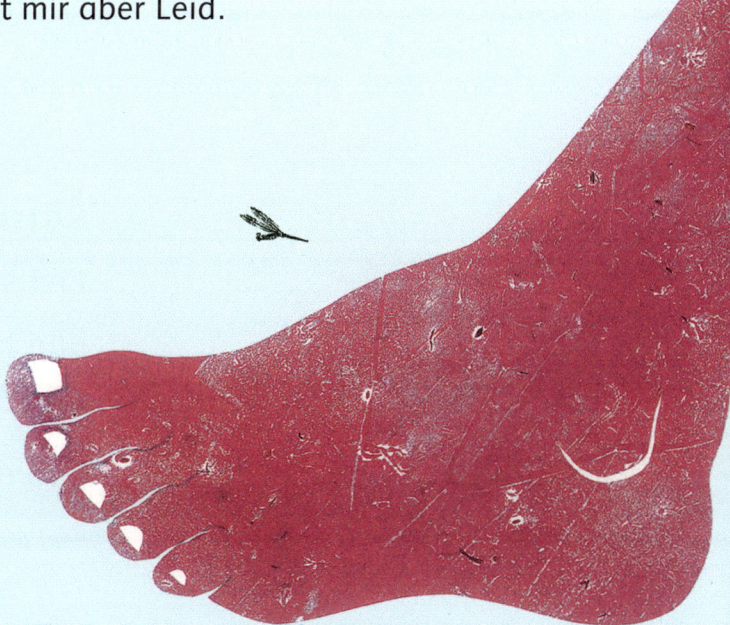

Schnupper-Seite: Sommerhitze

Nur die weiblichen Stechmücken saugen Blut. Die Männchen ernähren sich ausschließlich von Pflanzensäften.

Text:Heidi Trpak
Bilder: Laura Momo Aufderhaar

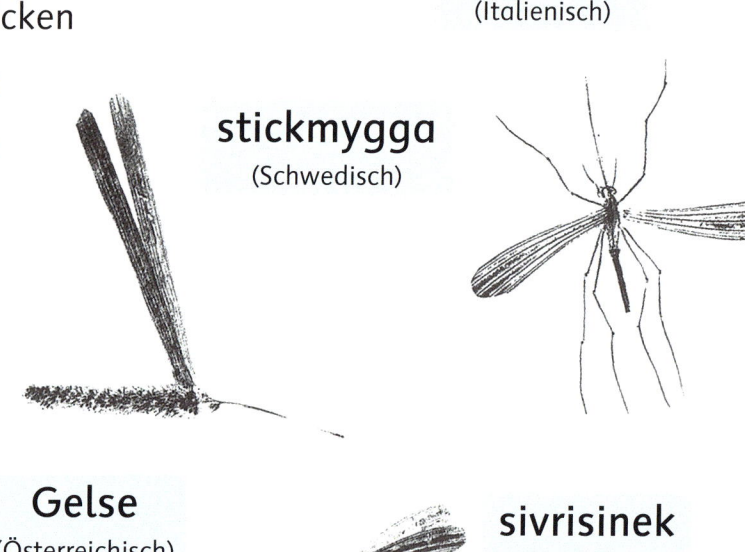

zanzara (Italienisch)

stickmygga (Schwedisch)

Gelse (Österreichisch)

sivrisinek (Türkisch)

Was bedeutet „Schachtwacke"?

a) In Berlin ein Ausdruck für dickes Huhn.

b) Im Harz ein Ausdruck für Butterbrot.

c) In Bayern ein Werkzeug zum Bergsteigen.

Wer weiß, was ein „Fleischpflanzerl" ist? Wie sagst du dazu?

Aus **T** wird **S**!

Rätsel

Erst sind vor dir ganz viele
und hinter dir zwei oder drei.
Bald sind hinter dir alle,
und die vor dir sind leider vorbei.

Paul Maar

Drei wichtige Baderegeln

1. Springe nie erhitzt ins Wasser.
   Kühle dich vorher ab!

2. Bade nicht mit vollem Magen!

3. Verlasse das Wasser sofort,
   wenn du frierst!

Heute: Ausflug in die Berge

Vier Steine rechtzeitig zur Seite gerückt.

Drei Griffe am Felsen befestigt.

Zwei Blitze umgeleitet.

Eine Hütte zum Schlafen gefunden.

Fünf gute Träume geschickt.

Heinz Janisch

Die Muschel hat das Meer gefangen

Als gestern die Wellen am schönsten sangen,
da hat die Muschel das Meer gefangen!

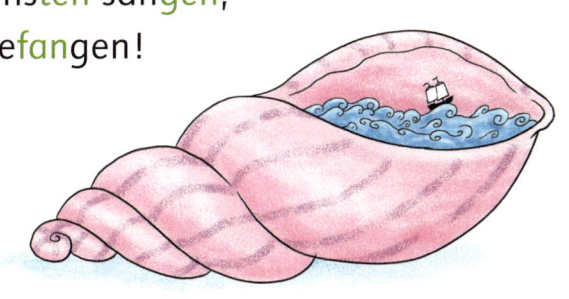

Seid ganz still und lauscht,
wie es in ihr rauscht!

Josephine Hirsch

Was im Sommer Spaß macht

Refrain

C   F   G   C

Hast du schon mal nach-ge-dacht, was im Som-mer Freu-de macht?

C   F   G   C

Schau dich um, schau dich um, ü-ber-all und rund-her-um:

Vers

C   G⁷

1. In der grü-nen Wie-se lie-gen,
ei-ne gro-ße Sand-burg bau-en,

C

auf dem Was-ser Sur-fen ü-ben,
in die wei-ßen Wol-ken schau-en.

C   F   G   C

Weißt du was, weißt du was: Das macht im Som-mer Spaß!

Text: Rosemarie Künzler-Behncke

Musik: Klaus W. Hoffmann

2. Würstchen und Kartoffeln grillen,
   Federball und Fußball spielen,
   Himbeereis mit Sahne schlecken,
   Kopfsprung in das Wasserbecken.
   Weißt du was …

3. Ferien auf dem Land erleben,
   Schweinen morgens Futter geben,
   Traktor fahren, Ponys reiten,
   Kühe auf die Weide treiben.
   Weißt du was …

FöKV 26, KV 66

Unterwasser-Seh-Rohr

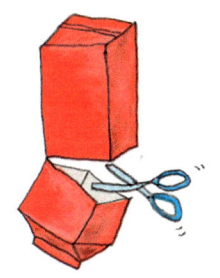

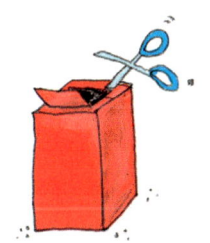

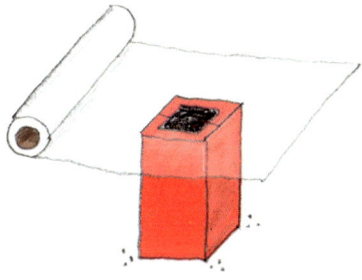

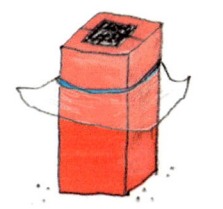

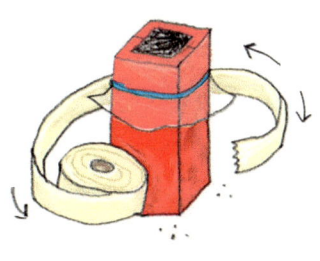

Du brauchst:

- 1-Liter-Milchkarton oder Saftkarton
  (Tetra-Pack, der Boden möglichst quadratisch)
- Schere
- Klarsichtfolie
- Gummiringe
- Paketklebeband

So wird's gemacht:

1. Den oberen Rand des leeren Kartons
   gerade abschneiden, sodass du
   bequem hineinschauen kannst.
2. Karton auswaschen und trocknen lassen.
3. In den Boden ein Guckloch schneiden
   und mit der Folie abdecken.
4. Die Folie mit Gummiringen sichern
   und dann noch mit Klebeband fixieren.

Was siehst du, wenn du dein Seh-Rohr ins Meer hältst?
Oder in einen Bach? Oder in einen Teich?

FERTIG!

Willi hat keine Schwimmhäute

Dann waren Ferien. Und Familie Glück fuhr in den Urlaub.
Willi fand Urlaub gar nicht so gut. Im Urlaub konnte er
nichts von dem tun, was er wirklich gut konnte:
nicht Rad fahren, nicht Fußball spielen, nicht laut singen.

5 „Können wir nicht einfach dableiben?", fragte er.
„Nein, nein!", sagte Papa. „Wir fahren ans Meer.
Zwei Wochen nur Sonne, Sand und Wasser."
„Schrecklich!", dachte Willi.

Als sie in ihrem Ferienhaus am Meer angekommen waren,
10 rannten alle sofort zum Wasser und sprangen platsch! hinein.
Willi sah ihnen zu.
„Es ist herrlich herrlich herrlich!", rief Mama. „Komm!"
„Ich wart erst mal ein bisschen", sagte er.
Er stand am Ufer und bohrte seinen großen Zeh in den Sand.
15 Vor ihm im seichten Wasser lag die ganze Familie und
versuchte ihn hineinzulocken. Vergeblich.

„Hab ich doch gesagt", sagte Tobi beim Abendessen,
„das ist ein wasserscheuer Schisser."
„Lass ihn in Ruh!", sagte Mama.
20 „Das kommt schon noch, was Willi?", sagte Papa.
„Wenn er nicht reinwill, soll er halt draußen bleiben,
mein Gott!", sagte Tesi.

Jeder hat mal Angst.

„Ich hab keine Schwimmhäute, deswegen", sagte Willi.

„Was?", fragte Tobi.

25 „Keine Schwimmhäute", sagte Willi und spreizte seine Finger
ganz weit auseinander. „Alle haben Schwimmhäute:
der Schwan und die Enten und die Frösche zum Beispiel.
Aber ich nicht."

Er schlüpfte aus den Sandalen und legte seinen rechten Fuß
30 auf den Tisch. Er spreizte seine Zehen.

„Keine Schwimmhäute!"

„Spinnst du?", sagte Tobi.

„Willi, nimm den Fuß vom Tisch!", sagte Papa.

„Der Hund hat auch keine Schwimmhäute, zum Beispiel",
35 sagte Tobi. „Aber er schwimmt trotzdem."

„Aber nicht so gut wie der Seehund", sagte Willi.
„Der hat welche."

„Mein Gott, spinnt ihr alle?", sagte Tesi.

„Wasserscheuer Blödmann!", sagte der Tobi.

40 „Tobi! Tesi! Jetzt ist Schluss!", sagte Mama.

In der Nacht hatte Willi einen Traum:
Er hat so große Schwimmhäute,
dass er auf dem Wasser laufen kann.
Er kann übers Meer gehen und wird gar nicht nass.
45 Er geht ganz weit hinaus.
Und als Mama ihn ängstlich zurückwinkt,
da lacht er laut. Haha! Ich gehe bis nach Afrika!

Rudolf Herfurtner

Das kann ich schon:
Gefühle verstehen

Picknick in Deutschland

Schleswig-Holstein

Brogge

Mecklenburg-Vorpommern

Schachtwacke

Niedersachsen

Branden-burg

Stulle

Berlin

Knifte

Schnitte

Donge

NRW

Bodderbruud

Sachsen-Anhalt

Bemme

Hessen

Sachsen

Thüringen

Butterschmeer

Rheinland-Pfalz

Bayern

Buddabrod

Saarland

Vesperbrot

Baden-Württemberg

Was gehört noch in den Picknickkorb? Habt ihr besondere Wörter für Speisen?

Kartengrüße aus den Ferien

An den Papa
Pa, ich schreibe dir aus Bern,
und das heißt: Ich bin dir fern.
Dabei hab ich dich so gern
wie sonst keinen andern Herrn.

An die Mama
Liebe Mama, hier auf Föhr
gibt es jede Menge Meer.
Aber du – du fehlst mir sehr.
Komm doch her.

An die Oma
Oma, diese Fahrt ist klasse.
Und dank dir bin ich bei Kasse,
kann mir mal was extra gönnen,
lern dabei die Gegend kennen,
denk an dich und hab dich lieb –
tschüss, dein Enkel, der dir schrieb.

Irmela Brender

Ich liebe Bücher

Verwurmter Apfel

Ein Wurm sucht sich 'nen Apfel aus
und sagt: „Der Apfel wird mein Haus!"
Dann kriecht er in den Apfel rein
und richtet seine Wohnung ein.
5 Den größten Teil macht er zum Klo.
(Das ist bei Würmern immer so.)
Jetzt sieht ein Mensch mit viel Vergnügen
den Apfel in der Wiese liegen.
Er freut sich sehr und ruft beglückt
10 – indem er sich zum Apfel bückt:
„Ein Apfel, ein ganz feiner.
Den ess ich, das ist meiner!"
Doch gleich darauf merkt der Mensch entsetzt:
Der Apfel ist ja schon besetzt.

 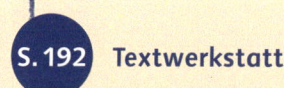

Drachenlachen

Wenn Drachen
beim Lachen
den Drachenrachen
weit aufmachen,
freut sich der Poet.
Weil durch dieses Lachen
tief im Drachenrachen
ein schöner Reim entsteht.

A-E-I-O-U

Ob ich eine lange Schlange
abends ohne Bange fange
oder eine kecke Schnecke
unter eine Decke stecke,
5 ob ich ein Stück Rinde finde
und an eine Linde binde
oder eine große Rose
morgens in die Soße stoße
oder meine Spucke schlucke
10 und zu einer Glucke gucke,
alles das ist allemal
völlig gleich und ganz egal.
Weil sich nur das Wort am Schluss
mit dem nächsten reimen muss!

Gedichte: Paul Maar
Bilder: Ute Krause

Schnupper-Seite: Ich liebe Bücher

Steckbrief: Paul Maar

😊 Das kann ich schon:
Informationen über
einen Autor finden

Name: Paul Maar

Geboren am: 13. Dezember 1937

Geboren in: Schweinfurt

Beruf: Autor und Illustrator

Besonderheit: Erfinder des Sams

Homepage: www.paul-maar.de

Steckbrief: Ute Krause

Name: Ute Krause

Geboren am: 19. Dezember 1960

Geboren in: Berlin

Beruf: Illustratorin und Autorin

Besonderheit: aufgewachsen
in der Türkei, in Nigeria,
auf Zypern und in Indien

Homepage: www.ute-krause.com

Aus **W** wird **T**!

Missratenes Gedicht 2

Was ist nur los
mit dem Gedicht?
Die letzte Zeile
reimt sich kaum.

Paul Maar

Der Buchstaben-Fresser

Buchstaben-Fresser sind Nachtwesen. Sie sind
ziemlich gefräßig und fressen jeden Tag
mindestens einen Buchstaben. In den ersten Tagen
nach dem Ausschlüpfen nimmt der Buchstaben-Fresser
noch keine Nahrung zu sich. Er übt den Umgang
mit Buchstaben. Er vertauscht sie. Daher wird
der Buchstaben-Fresser während seiner frühen Jugend
auch Buchstaben-Tauscher genannt.
Mal sehen, ob er anbeißt, der Buchstaben-Fresser …

Paul Maar

Mach es wie der Buchstaben-Fresser

KREIS
KEIS
EIS

BRUDER
ROHR
FLIEGE

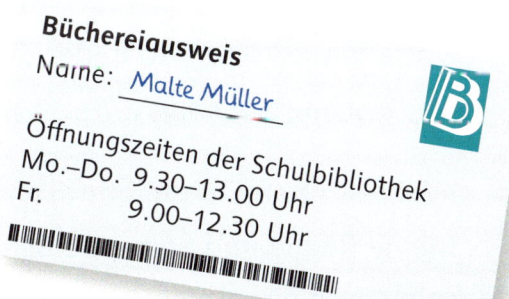

Büchereiausweis

Name: Malte Müller

Öffnungszeiten der Schulbibliothek
Mo.–Do. 9.30–13.00 Uhr
Fr.   9.00–12.30 Uhr

Wenn du deinen Büchereiausweis verloren hast, …

A) benutzt du den Ausweis von jemand anderem.

B) bist du traurig und hoffst, dass er wiederkommt.

C) sagst du sofort in der Bücherei Bescheid und
    lässt ihn sperren.

Paul Maar kennt gute Tricks zum Reimen

*Das ist der Autor Paul Maar.
Er hat die Gedichte in
„JAguar und NEINguar" geschrieben.
Paul Maar schreibt auch Kinderbücher,
zum Beispiel die Geschichten
vom Sams.*

Wer findet die Sams-Geschichte im Lesebuch?

Wie sieht Ihr Arbeitstag aus?

Wenn ich an einem neuen Buch arbeite, setze ich mich gegen
neun Uhr an den Schreibtisch und schreibe bis zum Mittag.
Nach einem Mittagessen und einem langen Spaziergang schreibe
5 ich dann noch zwei bis drei Stunden weiter oder ich beantworte
Kinderpost.

Schreiben Sie am Computer?

Die ersten zehn oder zwölf Seiten schreibe ich mit der Hand
auf einen Briefblock. Wenn der Anfang stimmt und wenn ich meine
10 Figuren gefunden habe, schreibe ich diese Seiten auf dem PC ab.
Dann bin ich schon so in der Geschichte, dass ich am Computer
weiterschreiben kann.

Woher haben Sie die Einfälle für Ihre Reime und Gedichte?

Meine Reime und Sams-Gedichte fallen mir nicht nebenher und
15 spielerisch ein. An einem kurzen Gedicht sitze ich oft einen ganzen
Nachmittag, manchmal sogar einen ganzen Tag, bis alles stimmt.
Immer wieder muss ich witzige Reimzeilen wegwerfen, weil sich
einfach kein gutes Reimwort finden lässt. Oder ich muss den Satz
umstellen, damit ein anderes Wort am Ende der Zeile steht,
20 zu dem es ein Reimwort gibt.

Haben Sie einen Tipp, um gute Reime zu finden?

Es gibt ein einfaches Mittel, um überhaupt erst mal auf ein Reimwort zu kommen: Ich suche zum Beispiel ein Wort, das sich auf „laut" reimt.

25 Ich schreibe mir an den oberen Rand der Seite (reimen kann ich nur handschriftlich, nie am Computer) „aut" und gehe nun das Alphabet durch: B: baut, C: gibt's nichts, D: daut = verdaut, F: wieder nichts. Dann geht noch „haut", „kaut", „saut" (versaut, angesaut, schaut).

30 Mehr gibt es nicht. Manchmal stelle ich fest, dass keins der so gefundenen Reimwörter vom Inhalt her passt. Dann muss ich das Wort „laut" durch ein anderes ersetzen, zum Beispiel durch „schrill". Das passt dann. Und „laut" kann ich in der Zeile trotzdem unterbringen:

Das Sams ist manchmal ziemlich schrill,
weil es am liebsten laut sein will.

Missratenes Gedicht 1

Jetzt sitze ich schon Stunden hier
und suche nach dem Reim.
Von viertel zwei bis fünf nach vier,
doch mir fällt keiner eim!

Ute Krause malt gern Unsinnsbilder

Ute Krause schreibt Geschichten und malt als Illustratorin
Bilder zu Texten, zum Beispiel zu den Gedichten
in „JAguar und NEINguar".

Im Sommer arbeite ich hier
am liebsten. Da ist das beste Licht.

In meiner Wohnung arbeite ich,
wenn es mir draußen zu kalt ist.

Als Kind habe ich mal in einem Internat in Indien gewohnt.
Dort hatte ich eine Zeichenlehrerin, die mich bei einem Zeichen-
Wettbewerb angemeldet hat. Da bin ich auf den ersten Platz
gekommen. Von da an dachte ich: „He, ich kann ja malen."
5 So ging das Ganze los. Als ich 23 Jahre alt war, habe ich
mein erstes Bilderbuch gemacht. Ich bekam dann immer
mehr Aufträge, Bilder zu malen.

Bei den Bildern zu Gedichten oder Wortspielen ist es oft so, als ob
ich einen verrückten Kuchen backe – mit allen möglichen Zutaten,
10 die nicht zusammengehören. So ähnlich mache ich das. Da wird
aus dem Normalen oft das Unnormale, richtig schöner Unsinn.

Oft habe ich zu einem Text plötzlich ein Bild in meinem Kopf
und das zeichne ich dann. Woher die Ideen kommen, ist schwer
zu beschreiben. Bei dem Gedicht „Gelogen" fiel mir die Geschichte
15 von Pinocchio ein, der doch immer eine lange Nase vom Lügen
bekommt.

Gelogen

Was du hier liest,
ist kein Gedicht,
ist endlos lang
und reimt sich nicht.

Wenn ich Gedichte illustriere, kann ich alles so machen,
wie ich will.
Aber bei Geschichten muss ich sehr gut aufpassen,
20 dass mein Bild keine Fehler hat. Zum Beispiel, dass ich
die Krawatte nicht schwarz male, wenn im Text steht,
dass sie gelbe Punkte hat. Wenn so etwas passiert,
kommen gleich Beschwerdebriefe von Kindern.
Die passen nämlich sehr gut auf!

Eine Bibliothek wirkt Wunder

„Jetzt hab ich dich", zischt der Fuchs.

Aber die Maus verschwindet durch ein Kellerfenster.

„Na, warte!", knurrt der Fuchs und zwängt sich ihr nach

durch den Spalt. Hinunter in den Keller. Hinein in ein enges Rohr.

5 „Wo ist die Maus?", knurrt er und schnuppert.

Aber hier riecht es vor allem nach Papier und Menschen.

Da! Die Maus flitzt um ein Regal, und der Fuchs saust hinterher.

Plötzlich bleibt die Maus stehen:

„Psst! Wir sind an einem besonderen Ort.

10 Hier soll man niemanden stören.

Und du störst ganz gewaltig!"

„Gleich schnapp ich dich, gleich gehörst du mir!", knurrt der Fuchs.

„Dir gehört hier gar nichts", kichert die Maus.

„Hier kann man alles nur ausleihen.

15 Und ICH gehöre dir ganz sicher nicht.

Das ist kein Jagdgebiet, sondern eine Bibliothek."

„Eine Pippi ...was?", fragt der Fuchs.

„Eine Bibliothek", sagt die Maus. Der Fuchs schaut sich um:

„Was ist eine Pippilothek?"

20 „Ein Ort mit vielen Büchern, mit Büchern zum Ausleihen.

Und Bücher braucht's, um etwas zu erleben.

Um etwas zu lernen.

Und um auf andere Ideen zu kommen."

Die Maus holt ein Bilderbuch und bringt es dem Fuchs.

25 „Für dich, damit du auf andere Ideen kommst."

Die Bilder zeigen einen alten Mann und eine Katze.
Die beiden haben Hühner.
Und sie haben Probleme mit einem Fuchs.

Eine Weile ist es ganz still in der Bibliothek.
30 Dann klappt der Fuchs das Buch zu.
„Hüüüühner!", seufzt er. „Das wär ja auch mal was!"
Die Maus nickt heftig und ist erleichtert, als der Fuchs
sich davonmacht.
„Du solltest das Buch zurückstellen!", ruft sie ihm noch nach.
35 Aber der Fuchs ist schon weg.

In der nächsten Nacht kommt der Fuchs wieder.
„Ich will das Buch von gestern mitnehmen.
Und dich, Maus, auch. Damit du mir die Geschichte
immer wieder vorlesen kannst.
40 Ich … ich kann nämlich nicht lesen."
Die Maus schüttelt den Kopf:
„Keine Zeit. Ich habe ein Zauberbuch entdeckt.
Ich lerne jetzt zaubern! Aber dort drüben sind die CDs.
Vielleicht findest du das Hörspiel zum Buch."

45 Der Fuchs hat Glück, und die Maus ruft:
„Du kannst das Buch und die CD ausleihen.
Bring die Sachen aber vollständig und unzerkaut zurück.
Du brauchst jetzt eine Ausleihkarte und …"
Aber Buch, CD und Fuchs sind schon weg.

Lorenz Pauli

KINDERBÜCHER

B

🙂 Das kann ich schon:
meine Lieblingsbücher
benennen

Martin **B**altscheit:
Der Sonnenwecker

Franziska **B**iermann:
Der faule Kater Josef

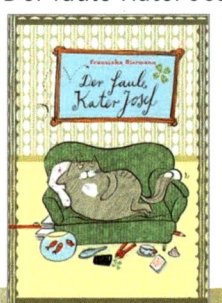

B–D

Kirsten **B**oie:
Josef Schaf will auch
einen Menschen

Eric **C**arle:
Bilder Buch Schatz

Julia **D**onaldson:
Stockmann

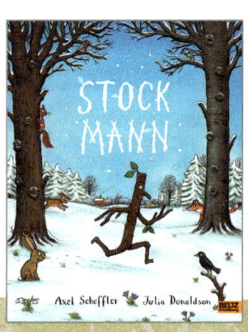

Anne **D**royd:
Stecker raus und
aus die Maus

J–K

Janosch:
Das Apfelmännchen

Erich **K**ästner:
Don Quichotte

K–L

Martin **K**lein:
Ronja und
das Zauberpony

Gudrun **L**ikar:
Prinzessin Fibi
und der Drache

Usch **L**uhn:
Nils Holgersson

Paul **M**aar:
J**A**guar und **NEIN**guar

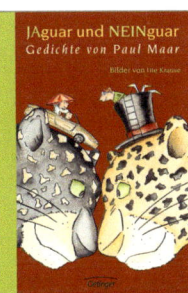

Paul **M**aar:
Neue Punkte für das Sams

L–M

Tilde **M**ichels:
Es klopft bei Wanja
in der Nacht

Timo **P**arvela:
Ella in der Schule

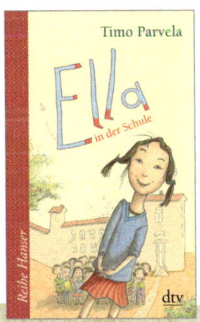

Andrea **S**chomburg:
Klara schreibt
mit blauer Tinte

Binette **S**chroeder:
Ritter Rüstig & Ritter Rostig

M–S

Dr. **S**euss:
Jeder Tag hat eine Farbe

Heidi **T**rpak:
Gerda Gelse

Koen **V**an Biesen:
Mein Nachbar liest
ein Buch

S–V

Mit welchem Buchstaben beginnt der Nachname deines Lieblingsautors?

Zeitschriften und CDs

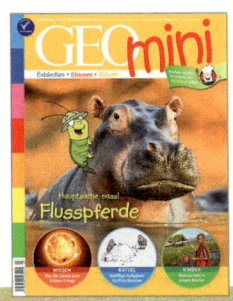

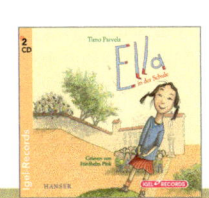

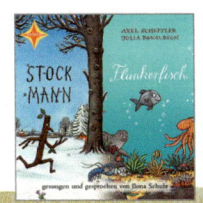

Lesen üben

Seite 6

Klara schreibt mit blauer Tante

ie oder ei?   a oder i?   a oder u?

R●se   T●nte   Sch●le

Welche Wörter fallen dir noch ein,
die ihre Buchstaben tauschen können?

Seite 9

Jonas geht in die Schule

Jonas   Anja

Mama

Lies vor und setze dabei die Wörter ein.

◆ und seine Freundin ◆ gehen in dieselbe ◆.
◆ holt ihren Freund ◆ ab. Sie wartet am ◆.
Heute hat ◆ verschlafen.
Er hat seinen ◆ nicht gehört.
Zum Glück hat ◆ ihn geweckt.

Seite 14

Zungenbrecher

Es klupperten die Klupperschlungen,
bis ihre Kluppern schlupper klungen.

Es klopperten die Klopperschlongen, …

Mit welchem Vokal klingt der Zungenbrecher
am lustigsten?
Probiere es auch mit anderen Zungenbrechern aus.

Auf dem kürzesten Weg

Lies die Wörter.

Blumenbeet

Gebüsch

Bretterzaun

HUNDEHÜTTE

Kakadu und Papagei

Welche Tiere verstecken sich hier?
Um welche Buchstaben streiten sich die Tiere?

Pfo, Mos, Rope, Foltier, Tosendfüßler, Bronbär
Vaugel, Nashaurn, Waulf, Antilaupe, Frausch, Kraukaudil

Das Samenkorn

Lies das Gedicht.

Ein Samenkorn lag auf dem Rücken,
die Amsel wollte es zerpicken.
Aus Mitleid hat sie es verschont
und wurde dafür reich belohnt.

Sophiechen und der Riese

Flisper   Donner
Flisperflüster   Donnerbums
Flisperflüstergeräusche   Donnerbumsknall
                                       Donnerbumsknallkrachereien

Denke dir selbst lange Wörter aus.

Lesen üben: Lesespiele

Seite **15 121** **Freunde** / **Jeder Tag hat eine Farbe** / **Amselmann** /

Es war einmal ein Reh / **Kartengrüße aus den Ferien**

Seite **82**

Seite **113 159**

Ein Kind liest ein Gedicht vor und lässt das Reimwort weg.
Die anderen Kinder müssen das richtige Reimwort finden.
Wer es zuerst gefunden hat, liest weiter.

Seite **24** **Der Bärbeiß** / **Die kleine Hexe** / **Der Streik**

Seite **54**

Seite **90**

„Was ist denn das für ein Fetzen?" – Wer hat das gesagt?
Spielt zu zweit. Lest den Text aus dem Lesebuch gemeinsam.
Ein Kind klappt das Buch zu und merkt sich, was es gelesen hat.
Das andere Kind liest einen Satz mit wörtlicher Rede aus dem Text
vor. Wer hat den Satz gesagt? Danach tauscht ihr.

Seite **125** **Herr Glamek buchstabiert**

Spielt zu zweit. Ein Kind buchstabiert ein Wort,
so wie Herr Glamek:

K wie
Knochen.

| Krokodil | Möwe | Säbelzahntiger | Ente |
| Dinosaurier | Kater | Katze | Elefant |

Das andere Kind macht so lange die Augen zu.
Dann sucht es das Wort und zeigt darauf.
Danach tauscht ihr.
Wie schnell könnt ihr alle Wörter finden? Stoppt die Zeit.
Sucht euch aus einem weiteren Text aus dem Lesebuch
zehn Wörter aus.
Schreibt sie auf. Spielt das Spiel mit diesen Wörtern.

Lesen üben und Texte verstehen

Seite **18** **Denni, Klara und das Haus Nr. 5**

Beantwortet die Fragen zu zweit. Lest im Text nach.

„So einer hat uns hier gerade noch gefehlt!"
Was will Frau Schönegans mit diesem Satz sagen?

„Das Leben hat Platz für alle."
Wie ist dieser Satz gemeint?
Findet ihr Beispiele?

Seite **34** **„Hallo, du!"**

In diesem Text stecken drei Fehler.
Erzähle einem Partnerkind,
wie es richtig ist.

Tiere erkennen sich gegenseitig am Namen.
Katzen kratzen aneinander,
wenn sie sich begrüßen.
Hunde schnurren, wenn sie
sich begrüßen.

Seite **37** **Das tierische Wörterbuch**

Probiert aus, wie sich die Tierlaute
in den verschiedenen Sprachen anhören.
Kennt ihr noch Tierlaute
in anderen Sprachen?

WAU

HAU

Lesen üben und Texte verstehen

Seite **38** ## Balaban, der Hund

Neumanns wünschen sich einen Hund, der so ist:
groß, schön, weise, gehorsam, dankbar.
Finde fünf Wörter, um zu beschreiben,
wie Balaban wirklich ist.

Seite **49** ## Knabberstangen

Welche Wörter passen zusammen?
Schreibe sie in dein Heft.

Mauer-	Steine
Kinder-	Vasen
Jacken-	Wagen
Blumen-	Kragen

Denke dir Quatschwörter aus: Blumensteine, Jackenvasen …
Fallen dir noch mehr ein? Schreibe sie in dein Heft.
Lies sie einem anderen Kind vor.

Seite **53** ## Don Quichotte

Dieser Steckbrief stimmt nicht ganz.
Schreibe ihn richtig in dein Heft.
Einige Wörter am Rand helfen dir,
andere Wörter sind falsch:

Name: Don Quichotte
Heimat: Italien
Kleidung: eiserne Rüstung, Ritterhelm
Sein Pferd: Rosine
Hobby: lesen
Lieblingsbücher: Krimis

Spanien,
Rosinante,
Polizeiuniform,
Ritterromane,
malen,
Don Carlos

Seite **72** ## Stockmann

In diesem Text stecken vier falsche Buchstaben.
Schreibe die Wörter richtig in dein Heft.
Die falschen Buchstaben ergeben ein Lösungswort.
Wie lautet es?

Stockmann lebt zu Hause im Blück

mit seiner Frar und den Kindern, drei Stück!
Morgens droht er früh seine Runde.
Stockmann, pass auf, tib acht vor dem Hunde!

Seite **87** ## Ich hab zwei Haustüren

Suche dir ein Partnerkind.
Erzähle, wie Annas Zuhause bei ihrer Mutter aussieht.
Lass dir erzählen, wie Annas Zuhause bei ihrem Vater aussieht.
Vergleicht. Was ist anders? Was ist gleich? Sprecht darüber.

Seite **90** ## Der Streik

Beantwortet die Fragen zu zweit.
Lest im Text nach.

Warum streikt Jeremy James?
Wer streikt noch?
Wann ist der Streik zu Ende?
Wie findet ihr den Streik?
Was würdet ihr an Stelle von Jeremy James tun?

Lesen üben und Texte verstehen

Seite **112** ### Die Amseln

In jedem Satz ist ein Wort falsch.
Schreibe den Text mit den richtigen Wörtern in dein Heft.

Die Amsel baut im Frühling ein Nest und legt die Socken
hinein. Sie brütet drei Tage lang. Wenn die jungen Amseln
schlüpfen, sind ihre Augen noch offen. Sie haben auch noch
bunte Federn. Die jungen Amseln werden mit Lollis gefüttert.
Wenn die Amseln müde sind, verlassen sie das Nest.

Seite **135** ### Der Löwenzahn

Lies das Gedicht einem Partnerkind vor.
Ergänze dabei die fehlenden Wörter.

Dem Löwenzahn zum Ruhme
gibt es die Puste ▬▬ .
Die Pusteblume ist sein Kind.
Wenn ihr nicht pustet,
kommt der ▬▬
und pustet ihre Sterne.
Sie fliegen in die ▬▬ ,
und wo sie landen, seht's euch an –
da wächst ein neuer ▬▬ .

Seite **150** ### Gerda Gelse

Was erfahrt ihr über Gerda? Erstellt einen Steckbrief.

Name: Gewicht:
Tierart: Was mag sie gerne?
Aussehen: Wofür braucht sie unser Blut?

Zu Texten erzählen, schreiben, malen

Seite **9** ## Jonas geht in die Schule

Lies den Text. Schreibe danach die Sätze in dein Heft.
Ersetze die unterstrichenen Wörter durch Bilder.
Lass ein Partnerkind zur Probe lesen.

Anja geht gern in die Pause.
Nur heute läuft alles schief.
Der Ball landet auf dem Baum.
Die Trinkflasche fällt auf den Stein.
Die Mütze fliegt in die Pfütze.
Anja ist froh, als es klingelt.

Seite **11** ## Abzählverse für die Pause

Welche Wörter reimen sich auf drei, vier oder acht?
Suche mit einem Partnerkind passende Reimwörter.
Erfindet einen Abzählvers und schreibt ihn auf.

zwei – frei

Seite **12** ## Ella im Schwimmbad

Stelle dir vor, du bist der Lehrer.
Was berichtest du von dem Tag im Schwimmbad?
Erzähle oder schreibe es wie in einem Tagebuch auf.

Nicht nur
in der Schule gilt:
einander zuhören und
ausreden lassen!

Zu Texten erzählen, schreiben, malen

Seite 20 ## Nur ein kleines Samenkorn

Wo wird das Samenkorn landen? Auf dem Wasser,
in den Bergen oder an einem anderen Ort?
Male es auf und lasse es dann wachsen
wie in einem Comic.
Tipp: Sieh auf Seite 137 nach. Da findest du
einen Pflanzen-Comic. In dem Kapitel stecken
auch viele Bild-Ideen für Pflanzen.

Seite 23 ## Durch die Straßen auf und nieder

Male mit dunklen Farben die Häuser einer Straße
und dazwischen die bunten Lichter der Laternen.
Du kannst die Lichter auch mit Flüssigkleber tupfen.
Wenn er getrocknet ist, funkeln die Lichter auf deinem Blatt.
Stellt eure Laternen-Bilder aus.

Seite 23 ## An Halloween zu sagen

Geister – Kleister – M… –   Grüße – Füße – S… –
Schau – blau – …   Haus – M… –
Findest du noch mehr Wörter, die sich reimen?
Schreibe sie in dein Heft.

Seite 32 ## Der faule Kater Josef

Was tut der faule Kater Josef? Suche dir ein Partnerkind.
Erzählt euch abwechselnd, was der Kater nacheinander tut.
Malt Bilder zu den Tätigkeiten.
Klebt sie in der richtigen Reihenfolge auf ein Blatt Papier.
Male und schreibe auch deinen eigenen Tagesablauf.

Zu Texten erzählen, schreiben, malen

Seite **85** **Das bin ich**

Ich schreibe meinen Steckbrief am Computer.

Schreibe einen Steckbrief von dir.
Das könntest du hineinschreiben:

Name: Lieblingsfarbe:

Familie: Das mag ich:

Hobbys: Das mag ich nicht:

Tauscht eure Steckbriefe aus und stellt euch
gegenseitig in der Klasse vor.

Seite **92** **Wer isst was?**

Gestalte eine Speisekarte mit den Gerichten aus Japan,
Marokko, Kroatien und deiner Heimat.
Spiele danach mit vier anderen Kindern ein Rollenspiel.
Ihr seid: Kellner, Yuta, Nassim, Sonja und du selbst.
Wer bestellt was?

Seite **94** **Die knubbeldicke Kartoffelkönigin**

Märchen hat man früher nicht gelesen, sondern erzählt.
Schreibe zu jedem Absatz des Märchens Stichworte auf.
Erzähle die Geschichte mit einem Partnerkind.
Deine Stichworte helfen dir.

Denkt an eure Gesprächsregeln.

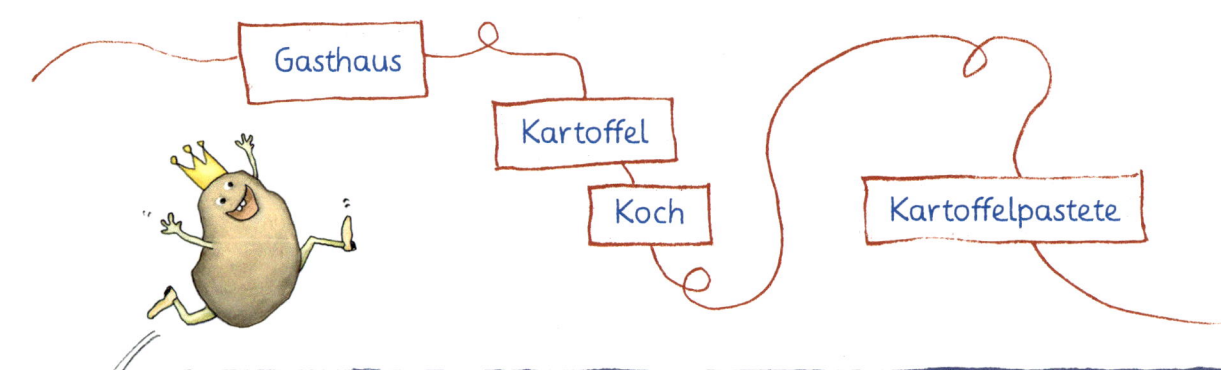

Gasthaus

Kartoffel

Koch

Kartoffelpastete

Seite 98

Himmel und Hölle

Fragt eure Eltern und Großeltern,
welche Spiele sie früher gespielt haben.
Welche Spiele waren früher und heute gleich?
Probiert die Spiele aus, die ihr noch nicht kennt.

Wir haben gerne Zehnerle gespielt.

Seite 102

Ich habe viel zu tun

Was hast du gestern gemacht?
Lege eine Tabelle an und schreibe Stichworte hinein.

morgens	vormittags	mittags	nachmittags	abends

Lege zusammen mit einem Partnerkind auch eine Tabelle
mit den Tätigkeiten des Kindes in der Geschichte an.

Seite 156

Willi hat keine Schwimmhäute

Schreibt selbst Sätze über euch auf ein Blatt:

Ich kann gut …   oder   Ich kann nicht so gut …
Ich bin mutig, wenn …   oder   Ich fürchte mich, wenn …

Alle Zettel werden zu Booten gefaltet. Ihr könnt die Boote
in einem Bach oder einem See schwimmen lassen.

Zu Texten musizieren

Guten Morgen, good morning

Begleitet das Lied mit den Tönen F und C
auf Klangstäben oder dem Xylophon.
Wer kann die Melodie auf der Flöte
oder auf einem anderen Instrument spielen?

**An Halloween zu sagen / Knabberstangen /
Missratenes Gedicht 1**

Sprich die Reime wie einen Rap.

Trommle den Beat (Takt) auf dem Tisch.

Tipp: Übe zuerst ganz langsam, wie in Zeitlupe.

Kakadu und Papagei

Ihr könnt das Gedicht auch mit Rhythmus-Instrumenten
begleiten und es als Rap sprechen.

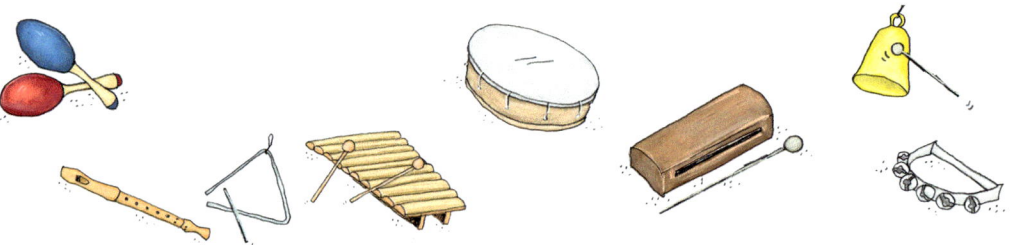

Denkt daran: Der Streit ist zuerst leiser und
wird dann immer lauter.

Jeder Tag hat eine Farbe

Wie klingt dein blauer Tag? Wie klingt dein roter Tag?
Suche passende Instrumente.

Seite **101**

Musik mit Müll

Sucht kurze Texte aus dem Lesebuch.

Lest sie laut und untermalt sie mit Rassel-Geräuschen.

Ihr könnt auch andere passende Klänge finden.

Tipp: Beginnt die Suche ab Seite 46 oder ab Seite 58.

Seite **118**

Mein Nachbar liest ein Buch

Ein Kind liest den Text. Die anderen Kinder
machen die Bewegungen und die Klänge dazu.

Text	Bewegung	Klang
PSSST! Ruhe.	Finger an den Mund	Schschsch …
Der Nachbar liest ein Buch.	Seiten umblättern, Kopf hin und her bewegen	Hände reiben
BOING BOING Das Mädchen spielt mit dem Ball.	Hopsen	Handtrommel oder Flex-a-ton
KLOPF Der Nachbar klopft.	Klopfbewegung	Holzstäbe
LA-LA-LA Das Mädchen singt ein Lied.	Kopfwackeln und Mundbewegung	Flöte oder Glockenspiel
TAMM TAMM TAMM Das Mädchen schlägt auf die Trommel.	Marschieren, mit den Füßen stampfen	Bongos oder große Trommel

Seite **120**

Geräusche-Wörter

Lies gemeinsam mit einem Partnerkind die Geräusche-Wörter
in den Sprechblasen. Welche Instrumente oder Gegenstände
könnten diese Geräusche nachmachen? Probiert sie aus.

Texte szenisch spielen

Diese Texte könnt ihr mit verteilten Rollen lesen.
Ihr könnt sie auch als Theaterstück oder als Hörspiel aufführen.

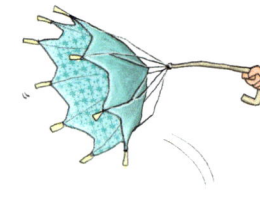

Theater-Wörter

Kostüm: deine Verkleidung

Requisiten: Sachen, die du für das Theaterstück brauchst

Bühne: dort führt ihr das Theaterstück auf

Bühnenbild: Gegenstände und Bilder für das Stück

So könnt ihr die Texte lesen und üben:

Verteilt die Rollen

Wie viele verschiedene Sprecherinnen und Sprecher braucht ihr?
Die Farben können euch helfen.

Übt euren Text

Lest euren Text leise und laut.
Wie sollen die Sprecher ihre Sätze betonen?
Ängstlich, fröhlich, nachdenklich, leise …

Schauspieler „sprechen" auch mit ihrem Körper und ihrem Gesichtsausdruck.

Entscheidet euch, wie ihr das Stück spielen wollt:

als Theater mit Schauspielern

mit Handpuppen

mit Fingerpuppen

Wer kann helfen?

Eure Lehrerin oder euer Lehrer,
die Hausmeisterin oder der Hausmeister,
eure Eltern …

Und wer noch?

Mit Medien umgehen

Vor dem Einschlafen höre ich eine Geschichte.

Ella im Schwimmbad / Stockmann / Ein Kartenspiel mit Fehlern

Viele Geschichten gibt es als Buch, als Hörspiel oder auch als Film. Was gefällt euch am besten?

Beim Lesen stelle ich mir alles so vor, wie es mir am besten gefällt.

Ich finde es toll, dass es einen Film zu meinem Lieblingsbuch gibt.

Fernsehgeschichten vom Franz

Welche Sendung hast du zuletzt im Fernsehen gesehen?
Erzähle, was dir daran besonders gefallen hat.

Achtung, Aufnahme!

Ihr könnt auch ein Live-Hörspiel machen.
Sucht einen Text aus dem Lesebuch. Verteilt die Rollen
und bestimmt den Erzähler oder die Erzählerin.
Überlegt euch passende Geräusche. Übt euren Text.
Für das Live-Hörspiel setzt ihr euch hinter ein Tuch,
sodass die anderen Kinder euch nicht sehen können.
Tipp: Der zwölfte Mann (auf Seite 104) und
Der freundliche Gärtner (auf Seite 136)
eignen sich gut für das Live-Hörspiel.

Steckbrief: Paul Maar / Steckbrief: Ute Krause

Findet noch mehr Informationen
über Paul Maar und Ute Krause.
Sucht auf den angegebenen Internetseiten.
Dort könnt ihr dem Sams oder Ute Krause
eine E-Mail schreiben.

www.paul-maar.de

www.ute-krause.com

Gedichte vortragen

Zungenbrecher / **Wenn Fliegen fliegen**

Zungenbrecher sind Gedichte, mit denen du andere beeindrucken kannst. Übe die Zungenbrecher immer wieder. Zuerst ganz langsam, wie in Zeitlupe, dann immer schneller.

An Halloween zu sagen / **Gruselett**

An Halloween soll man sich ordentlich gruseln!
Lies zusammen mit einem Partnerkind die Gedichte.
Wechselt euch Zeile für Zeile ab.
Versucht, immer unheimlicher zu betonen.
Oder: Ein Kind liest das Gedicht, das andere macht dazu
passende Grusel-Geräusche.

Sprungfeder-Jack

Lernt die erste Strophe in der Klasse auswendig
und sprecht sie gemeinsam:
Sprungfeder-Jack sprang auf und ab
und hielt die ganze Stadt auf Trab.
Einzelne Kinder lesen die anderen Strophen.
Dazwischen sprecht ihr immer wieder die erste Strophe im Chor.
Mit etwas Übung könnt ihr das Gedicht auch aufführen und
passende Bewegungen zur Chor-Strophe einüben.

Ach, du lieber Nikolaus / **Advent** / **Die Hirten**

Sicher ist sicher: Falls du einem Nikolaus begegnest,
solltest du ein Gedicht aufsagen können. Für Weihnachten
übe ein anderes Gedicht. Übe mit einem Partnerkind.

Gedichte schreiben

Seite **11** **Abzählverse für die Pause**

Bli, bla, blu,
da steht eine Kuh.
Bli, bla, blaus,
du bist raus.

Ix – ax – ux,
morgen kommt der …

übermorgen kommt …
und du …

Ticke, tacke, tick … Knick
Ticke, tacke, teck … weg

Erfinde selbst Abzählverse.

Seite **60** **Überraschung**

Schreibe das Gedicht um: Es regnet.
Wie schreibst du den Schluss?

Seite **159** **Kartengrüße aus den Ferien**

Schreibe auch Kartengrüße aus den Ferien.

Celle – Kelle

Herne – gerne

Nordsee – Halsweh

Winsen – grinsen

Hallo Anna,
hier in Kiel,
passiert heut
leider gar nicht viel.

Ahoi

Tipp: Andere Städtenamen findest du auf Landkarten.

Schreibe ein Schneeball-Gedicht.

In der ersten Zeile steht ein Wort.

In der zweiten Zeile stehen zwei Wörter und so weiter.

Das wichtigste Wort steht am Anfang.

Frühling
Vögel singen
Tulpen und Narzissen
ein wärmerer Wind bläst
endlich wieder ohne Jacke raus

Du kannst dein Schneeball-Gedicht auch schmelzen lassen.

Dann steht das wichtigste Wort am Schluss.

Ein seidig glänzendes schwarzes Fell
auf leisen weichen Pfoten
weiße spitze Zähnchen
kleiner Kater
Tom

Oder du setzt zwei Schneeball-Gedichte zusammen.

Eine
dann zwei
noch mal zwei
immer mehr Flocken fallen
der Schnee liegt sooooo hoch
dann ein erster Sonnenstrahl
es wird warm
Wasser tropft
platsch

Du kannst Schneeball-Gedichte schreiben zu:

Herbstwind (S. 20–31),
Winterkälte (S. 58–71),
Frühlingsduft (S. 106–117),
Sommerhitze (S. 150–159),
…

Schreibe dein Gedicht auf ein Schmuckblatt. Macht eine Ausstellung in der Klasse.

Bücher lesen

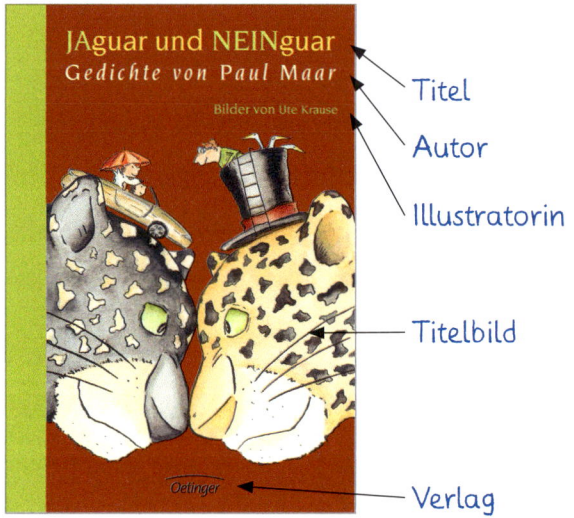

Seite **160** **Ich liebe Bücher**

Im Lesebuch findest du viele
Ausschnitte aus Büchern.
Unter den Texten steht,
wer sie geschrieben hat
und manchmal auch,
wer die Bilder gemalt hat.

Der Name eines Buches wird Titel genannt.
Der Autor oder die Autorin hat das Buch geschrieben.
Die Bilder hat die Illustratorin oder der Illustrator gemalt.
Der Verlag lässt das Buch drucken.
Du kannst es dann in einer Buchhandlung kaufen
oder in einer Bücherei ausleihen.

Seite **168** **Eine Bibliothek wirkt Wunder**

Eine Bücherei besuchen

In jeder Stadt gibt es eine Bücherei. In manche Orte
kommt auch ein Bücherbus. In der Bücherei oder
beim Bücherbus kannst du Bücher kostenlos ausleihen.

Welche Büchereien gibt es in deiner Nähe?

Gehe in die Bücherei.
Erkundige dich dort,
wie du Bücher finden kannst.

Findest du Bücher von Paul Maar?
Suche nach Büchern deines Lieblingsautors
oder deiner Lieblingsautorin.

Ein Buch vorstellen

Welches Buch gefällt dir besonders gut?
Wähle ein Buch aus, das du den anderen Kindern
vorstellen willst.

Schreibe in Stichworten auf, was du anderen
über das Buch sagen möchtest:

Wie heißt das Buch?
Wer hat es geschrieben?
Worum geht es in dem Buch?
Warum hat dir das Buch so gut gefallen?

Lies den anderen Kindern deine Lieblingsstelle
aus dem Buch vor.

Bastle dir eine Lesekiste.
Sammle Gegenstände, die in deinem Buch wichtig sind.
Sie helfen dir dabei, von deinem Buch zu erzählen.
Tipp: Du kannst den Gegenstand auch auf ein Kärtchen
malen oder schreiben.

Mein Lieblingsbuch

Titel:
Das Apfelmännchen

Autor:
Janosch

Darum geht es:
Ein Mann erntet
einen riesigen Apfel
und besiegt damit
ein Ungeheuer.

Das hilft dir, Texte besser zu lesen und zu verstehen

Alle Lese-Tipps auf einen Blick

Vor dem Lesen

- Lies zuerst die Überschrift.

- Schau dir die Bilder an.

- Vermute, worum es in dem Text geht.

Während des Lesens

- Wenn du etwas nicht verstanden hast,
  lies den Abschnitt oder den ganzen Text noch einmal.

- Kläre die unbekannten Wörter.
- Suche im Text nach einer Erklärung.
- Schau dir die Bilder an.
- Schlage in einem Lexikon nach.
- Frage andere Kinder oder Erwachsene.

- Stelle W-Fragen an den Text:
  Wer? Was? Wann? Warum? Wo? Wie?

- Finde die wichtigen Schlüsselwörter
  in jedem Abschnitt.

Nach dem Lesen

- Vergleiche mit deinen Vermutungen vom Anfang:
  Stimmten deine Vermutungen?
  Was hast du Neues erfahren?

Versuche, diese Tipps bei **allen** Texten anzuwenden.
Besprecht dann in der Gruppe: Haben euch die Tipps
geholfen? Welche Erfahrungen habt ihr gemacht?

- Lies zuerst die Überschrift.
- Schau dir das Bild an.
- Vermute, worum es in dem Text geht.

Holtensen brennt

Lies dann erst den ganzen Text.

Bei Holtensen gab es Zwerge. Einmal kam ein Mann
aus diesem Dorf an einem Zwergenloch vorbei.
Dort sah er einen Zwerg stehen, der einen großen
Holztrog mit Gold hatte. Das worfelte er, wie man
5 Getreide worfelt, um es zu säubern.
Da trat der Mann an den Zwerg heran, grüßte ihn
und sagte: „Das ist eine hübsche Arbeit, die möchte
ich auch tun!"
Der Zwerg, der ihn nicht hatte kommen sehen, bekam
10 einen gewaltigen Schreck. Er fasste sich aber schnell
und rief: „Sieh doch nur, Holtensen brennt!"
Erschrocken drehte sich der Mann nach Holtensen um,
sah aber weder Rauch noch Flammen.
Als er sich wieder umwandte, waren Gold und Zwerg
15 verschwunden.

- Wenn du etwas nicht verstanden hast,
  lies den Abschnitt oder den ganzen Text noch einmal.

- Kläre alle Wörter, die du nicht kennst.
  – Suche im Text nach einer Erklärung.
  – Hilft dir das Bild?

Bei Holtensen gab es Zwerge. Einmal kam ein Mann aus diesem Dorf an einem Zwergenloch vorbei.

– Schlage in einem Lexikon nach.

G das Ge|trei|de, die Getreide: Weizen, Roggen, Hafer und Gerste. Getreide wächst auf dem Feld. Aus Getreide werden Mehl und Brot gemacht.

– Frage andere Kinder oder Erwachsene.

„Worfeln" kommt von „werfen". Früher hat man das Getreide hochgeworfen, um die Körner von den leichten Hüllen zu trennen.

- Du verstehst einen Text besser, wenn du W-Fragen zu ihm stellst:
  Wer spielt in der Geschichte mit?
  Was tat der Zwerg?
  Warum rief der Zwerg „Holtensen brennt"?

- Finde die wichtigen Schlüsselwörter in jedem Abschnitt.

Holtensen brennt

Bei Holtensen gab es Zwerge. Einmal kam ein Mann
aus diesem Dorf an einem Zwergenloch vorbei.
Dort sah er einen <u>Zwerg</u> stehen, der einen großen   Zwerg
<u>Holztrog mit Gold</u> hatte. Das worfelte er, wie man   Holztrog
5 Getreide worfelt, um es zu säubern.   mit Gold
Da trat der Mann an den Zwerg heran, grüßte ihn
und sagte: „Das ist eine hübsche Arbeit, die möchte
ich auch tun!"
Der Zwerg, der ihn nicht hatte kommen sehen, bekam
10 einen gewaltigen Schreck. Er fasste sich aber schnell
und rief: „Sieh doch nur, <u>Holtensen brennt!</u>"   „Holtensen
Erschrocken drehte sich der Mann nach Holtensen um,   brennt!"
sah aber weder Rauch noch Flammen.
Als er sich wieder umwandte, waren <u>Gold und Zwerg</u>   Gold und Zwerg
15 <u>verschwunden</u>.   verschwunden

- Vergleiche mit deinen
  Vermutungen vom Anfang:
  Stimmten deine Vermutungen?
  Was hast du Neues erfahren?

Zuerst habe ich gedacht,
das Dorf brennt wirklich. Erst mit
den W-Fragen habe ich gemerkt,
dass der Zwerg den Mann
überlistet hat.

Das hilft dir, verschiedene Textarten zu erkennen

Erzähltexte erzählen Geschichten.

Oft sind diese Geschichten ausgedacht. Sie handeln von Menschen, Tieren oder Fantasiewesen. Manchmal erzählen die Texte von etwas, das du selbst auch schon erlebt hast.

Und manchmal von ganz unwahrscheinlichen Ereignissen.

So können Geschichten sein: lustig, traurig, spannend, ernst, aufregend und noch vieles mehr.

Sachtexte informieren über etwas.

In Sachtexten ist nichts erfunden oder ausgedacht. Sie erklären dir zum Beispiel etwas über Technik, Natur und viele andere Themen. Zu Sachtexten sind oft Fotos abgebildet. Manchmal sind wichtige Wörter unterstrichen oder fett hervorgehoben.

Artikel in Zeitungen oder Zeitschriften sind auch Sachtexte.

Vergissmeinnicht

Die zarten, blauen **Blumen** sind in **Gärten** zu Hause, aber auch im **Wald**, auf **Äckern** und **Feldern**.

Es gibt unterschiedliche Geschichten darüber,

Untersuche die Texte auf den Seiten 62 und 63, 112, 136, 143: Erzähltext oder Sachtext?

Inhaltsverzeichnis

🎲 einfacherer Text   🎲 mittlerer Text   🎲 schwierigerer Text

🐕🎲 Jojo Kapitel-Schnupper-Seite   📖V Bilder-Vorlesebuch

■ einfacherer Text ■ mittlerer Text ■ schwierigerer Text

🐕 ■ Jojo Kapitel-Schnupper-Seite V Bilder-Vorlesebuch

 einfacherer Text  mittlerer Text  schwierigerer Text

  Jojo Kapitel-Schnupper-Seite V Bilder-Vorlesebuch

 einfacherer Text   mittlerer Text    schwierigerer Text

Jojo Kapitel-Schnupper-Seite   V Bilder-Vorlesebuch

Quellenverzeichnis

23 **Anger-Schmidt, Gerda:** Bauernregel für Kinder, aus: Sei nicht sauer, meine Süße! Sauerländer: Aarau 2009

86 **Anton:** Ich wünschte (bearb.), aus: Toon, Tellegen: Ich wünschte. Übersetzt von Birgit Erdmann. Mixtvision Verlag: München 2012

94 **Arnold, Marlis:** Die knubbeldicke Kartoffelkönigin, aus: Das Märchen-Kochbuch. Könemann Verlagsgesellschaft: Köln 2000

110 **Autolny, Julia,** Ursel Böhm, Anja Mösing: Frühlingsanfang (bearb.) / Pflanzenwecker – Gibt es den? (bearb.), aus: Frühling – ein müder Anfang, in: http://www.br-online.de/kinder/fragen-verstehen/wissen/2004/00507/; Zugriff am: 10.8.15

106, **Baltscheit, Martin:** Der Sonnenwecker (bearb.) und Cover,
170 Illustrationen von Christoph Mett. Bajazzo: Zürich 2008

22 **Bartl, Almuth:** Spaß mit Laub (bearb.), aus: 1001 Ideen gegen Langweile: Moses Verlag: Kempen 2010

76 **Bartoschek-Rechlin,** Eva und Werner Rizzi: Die Reise der Sonne, Musik von Heinz Lemmermann. © Fidula Verlag: Boppard/Rh. o. J.

51 **Baxter, James:** Sprungfeder-Jack, Übersetzung von Claas Kazzer. aus: Susan Kreller (Hg.): Der beste Tag aller Zeiten, Weitgereiste Gedichte. Carlsen Verlag: Hamburg 2013

32, **Biermann, Franziska:** Der faule Kater Josef (Text und Bilder),
170 (bearb.), Cover und CD-Cover. © 2008 Residenz Verlag im Niederösterreichischen Pressehaus Druck- und Verlagsgesellschaft mbH, St. Pölten – Salzburg

42, **Boie, Kirsten** (Text) und Philip Waechter (Bilder) und Cover: Josef
170 Schaf will auch einen Menschen (bearb.). Verlag Friedrich Oetinger: Hamburg 2002

80 **Borchers, Elisabeth:** Das ist die Erde, aus: Hans-Joachim Gelberg (Hg.): Die Stadt der Kinder. Beltz & Gelberg: Weinheim und Basel 1999

108 März (bearb.) (Originaltitel: Jahreszeiten), aus: Hans-Joachim Gelberg (Hg.): Großer Ozean. Beltz & Gelberg: Weinheim und Basel 2006

41 **Brand, Christine:** Eins-zwei-drei-vier! aus: Hans-Joachim Gelberg (Hg.): Wo kommen die Worte her? Neue Gedichte für Kinder und Erwachsene. Beltz & Gelberg: Weinheim und Basel 2011

113 **Brand, Heinz:** Amselmann, aus: Ach, du liebe Zeit! Ein Bummel durch Tages- und Jahreszeit. Lappan Verlag GmbH: Oldenburg 2007

159 **Brender, Irmela:** Kartengrüße aus den Ferien, aus: War mal ein Lama in Alabama. Verlag Friedrich Oetinger: Hamburg 2001

66 **Brüder Grimm,** neu erzählt von Hannelore Dierks: Die Sterntaler, aus: Meine erste Kinderbibliothek. Meine ersten Märchen. Ravensburger Buchverlag: Ravensburg 2012

74 **Busch, Wilhelm:** Eins, zwei, drei im Sauseschritt, aus: Friedrich Bohne (Hg.): Wilhelm Busch Werke. Band II: Julchen. Standard-Verlag: Hamburg 1959

135 **Bustarret, Nicole:** Gewöhnlicher Löwenzahn (bearb.), aus dem Französischen von Cornelia Panzacchi, aus: Wildblumen, Naturführer für Entdecker. cbj Kinder- und Jugendbuchverlag in der Verlagsgruppe Random House: München 2008

20, **Carle, Eric:** Nur ein kleines Samenkorn (Text und Bilder), (beab.)
170 und Cover, aus dem Amerikanischen von Edmund Jacoby, aus: Bilder Buch Schatz. Gerstenberg: Hildesheim 2009

69 **Carpelan, Bo:** Nur ein bisschen krank, aus dem Finnischen von Marjaleena Lembcke, aus: Poesie-Poesa. © Bonniers Juniorförlag: Stockholm

122 **Dahl, Roald:** Sophiechen und der Riese (bearb.). Übersetzt von Adam Quidam. Rowohlt: Hamburg 1990

75 **Damm, Antje:** Alle Zeit der Welt (bearb.). Moritz Verlag: Frankfurt a. M. 2013

57 Räuberkinder (Text und Bilder), (bearb.). Gerstenberg: Hildesheim 2008

72, **Donaldson, Julia:** Stockmann (bearb.). Illustrationen und Cover
170 von Axel Scheffler, aus dem Englischen von Wiglaf Droste und Stefan Maelck. Beltz & Gelberg: Weinheim und Basel 2008

25 **Dreher, Oskar:** Der Wind vor dem Richter (bearb.), aus: Hans Schores (Hg.): Gedichte für die Grundschule. Diesterweg: Frankfurt a. M. 1972

138, **Droyd, Ann:** Stecker raus und aus die Maus (bearb.). Text,
170 Illustrationen und Cover. Aus dem Englischen von Nadia Budde. © Verlag Antje Kunstmann GmbH: München 2012

81 **Englert, Sylvia:** Warum leuchten die Sterne? (bearb.), aus: Weltall. cbj Kinder- und Jugendbuchverlag in der Verlagsgruppe Random House: München 2008

16 **Färber, Werner:** Auf dem kürzesten Weg (bearb.) © Werner Färber

78 Sehnsucht nach Papa (bearb.), aus: Bildermaus – Kleine Geschichten von der Uhr. Loewe: Bindlach 1999

92 **Floto-Stammen, Sonja:** Wer isst was? (Originaltitel: Wo Schmatzen und Schlürfen erlaubt ist! (bearb.). Moses Verlag: Kempen 2008

109 **Frank, Karlhans:** Im Eigelb steckt der Igel. Boje: Köln 2008

77 **Frorath, Günter** und Rosemarie Harbert: Was zwischen Morgen und Abend passiert, aus: Stundenbuch für Kinder. Matthias-Grünewald-Verlag: Mainz 1975

99 **Guggenmos, Josef:** Abfallverwertung, aus: Oh, Verzeihung, sagte die Ameise. Beltz & Gelberg: Weinheim und Basel 1990

60 Die Schnecke im Winter, aus: Was denkt die Maus am Donnerstag? Beltz & Gelberg: Weinheim und Basel 1998

26 Gegen den Wind, aus: Oh, Verzeihung, sagte die Ameise. Beltz & Gelberg: Weinheim und Basel 1990

137 **Hauk, Annabelle:** Die Pflanzen-Sprache (bearb.), aus: BR-Kinderinsel, in: http://www.br-online.de/kinder/fragen-verstehen/wissen/2006/01504/; Zugriff am: 11.8.15

67 **Heck, Jennifer:** Nicht nur Eisbären baden im Winter draußen © dpa, in: Frankenpost vom 29.12.2014

15 **Hector, Lea:** Freunde, aus: Freunde. Gertraud Middelhauve Verlag: München 1982

156 **Herfurtner, Rudolf:** Willi hat keine Schwimmhäute (bearb.), aus: Der wasserdichte Willibald. Deutscher Taschenbuch Verlag: München 2002

60 **Herold, Gottfried:** Überraschung, aus: Mein Emil heißt Dackel. Kinderbuchverlag: Berlin 1987

153 **Hirsch, Josephine:** Die Muschel hat das Meer gefangen, aus: Georg Bydlinski: Der neue Wünschelbaum. Dachs: Wien 1999

134 **Hofbauer, Friedl:** Was ist eine Wiese? aus: Georg Bydlinski: Der Wünschelbaum. Verlag Herder: Freiburg und Wien 1984

65 **Hoffmann, Friedrich:** Die Hirten, aus: Mielitz, Gertrud (Hg.): Sei uns willkommen, schöner Stern. Ernst Kaufmann Verlag: Lahr 1991

121 **Hohler, Franz:** Es war einmal ein Reh, aus: Es war einmal ein Igel. Kinderverse. Carl Hanser Verlag: München 2011

80 Lange vor allem, aus: Jürg Schubiger und Franz Hohler: Aller Anfang. Beltz & Gelberg: Weinheim und Basel 2006

23 **Holzmeister, Lieselotte:** Durch die Straßen auf und nieder © Fidula Verlag: Boppard/Rh. 1996

84 **Hout, Mies van** (Text und Illustrationen): Heute bin ich © 2012 aracari verlag rights & licenses ag. Zürich, Switzerland: www.aracari.ch: 2012

126 **Huainigg, Franz-Joseph:** Ich höre was, was du nicht siehst (Originaltitel: Wir verstehen uns blind, bearb.), aus: Gemeinsam sind wir große Klasse. Annette Betz ein Imprint von Ueberreuter Verlag: Berlin 2014

153 **Janisch, Heinz:** Heute: Ausflug in die Berge (Originaltitel: Aus dem Notizbuch eines Engels), aus: Wieland Freund, Heinz Janisch u. a.: Mein Sommer-Buch. Bloomsbury Verlag: Berlin 2011

116, **Janosch:** Das Apfelmännchen (Text und Bilder), (bearb.) und
170 Cover. NordSüd Verlag: Zürich 2006

135, **Kahlau, Heinz:** Der Löwenzahn, aus: Der Rittersporn blüht blau im
178 Korn. © 2009 Der Kinderbuchverlag in der Verlagsgruppe Beltz: Weinheim und Basel

53, **Kästner, Erich:** Don Quichotte (bearb.) und Cover, aus: einfach
170 lesen! Cornelsen: Berlin 2009 © Atrium Verlag AG Zürich

96, **Klein, Martin** (Text) und Marion Goedelt (Bilder) und Cover: Ronja
170 und das Zauberpony (bearb.), Tulipan: München 2013

68 **KNISTER** und Paul Maar: Ulli ist krank (bearb.), aus: Frühling, Spiele, Herbst & Lieder. Otto Maier: Ravensburg 1981

40 **Koneffke, Jan:** Kakadu und Papagei, aus: Amelie Fried (Hg.): Ich liebe dich wie Apfelmus. cbj Kinder- und Jugendbuchverlag in der Verlagsgruppe Random House: München 2006

36 **Krüss, James:** Hundesprache (bearb.), aus: James' Tierleben. Carlsen: Hamburg 2003

41 **Kunz, Uwe:** Fragen aus der Tierwelt (Originaltitel: Fragen aus der Tierwelt – ja oder nein?; bearb.), aus: Christa Holtei: ABC – Suppe und Wortsalat: Geschichten, Spiele und Gedichte rund um die Sprache. Patmos Verlag: Düsseldorf 2006

9 **Künzler-Behncke, Rosemarie:** Jonas geht in die Schule (bearb.), aus: Mein buntes Bilderlesebuch. Ravensburger Buchverlag: Ravensburg 2006

154 Was im Sommer Spaß macht, Text: Rosemarie Künzler-Behncke, Komponist: Klaus Hoffmann Schmoelter. © Musikverlag Rolf Franke & Klaus Neuhaus GbR

111 **Küpper, Anke:** Samenbomben basteln (bearb.), aus: Mein erstes Krabbelkäfer Gartenbuch. Moses Verlag: Kempen 2014

46, **Lagerlöf, Selma:** Nils Holgersson. Nacherzählt von Usch Luhn,
48, Bilder von Joëlle Tourlonais (bearb.) und Cover. Ellermann im
171 Dressler Verlag: Hamburg 2013

44 **Lange, Monika:** „Bitte streicheln!" (bearb.), aus: Mit Katz und Hund auf Du und Du. rororo Rotfuchs Rowohlt: Hamburg 2000

125 **Lenzen, Hans Georg:** Herr Glamek buchstabiert, aus: Hans-Joachim Gelberg (Hg.): Großer Ozean. Gedichte für alle, Beltz & Gelberg: Weinheim und Basel 2006

52, **Likar, Gudrun** (Text) und Sabine Büchner (Bilder) und Cover:
171 Prinzessin Fibi und der Drache (bearb.). Tulipan: Berlin 2009

100 **Lindgren, Astrid:** Pippi ist ein Sachensucher, Illustrationen von Katrin Engelking, aus dem Schwedischen von Cäcilie Heinig, aus: Pippi Langstrumpf. Verlag Friedrich Oetinger: Hamburg 1987

70 **Lins, Bernhard:** Fasching auf dem Bauernhof, aus: Kindertheater fürs ganze Jahr. Annette Betz: Wien, München 2008

114 Zehn kleine Osterhasen, aus: Kindertheater fürs ganze Jahr. Annette Betz: Wien, München 2008

163 **Maar, Paul:** Der Buchstaben-Fresser (bearb.). Verlag Friedrich Oetinger: Hamburg 2013

161, Drachenlachen / A – E – I – O – U, Bilder von Ute Krause, aus:
171, JAguar und NEINguar und Cover. Verlag Friedrich Oetinger:
192 Hamburg 2007

56, Ein Kartenspiel mit Fehlern (Text und Bilder), (bearb.), aus: Neue
171 Punkte für das Sams und Cover. Verlag Friedrich Oetinger: Hamburg 1992

167 Gelogen, Bild von Ute Krause, aus: JAguar und NEINguar. Verlag Friedrich Oetinger: Hamburg 2007

49 Knabberstangen, aus: Eine Woche voller Samstage. Verlag Friedrich Oetinger: Hamburg 2011

165 Missratenes Gedicht 1, Bild von Ute Krause, aus: JAguar und NEINguar. Verlag Friedrich Oetinger: Hamburg 2007

162 Missratenes Gedicht 2, aus: JAguar und NEINguar. Verlag Friedrich Oetinger: Hamburg 2007

109 Nicht sehr häufig rasen Hennen, aus: JAguar und NEINguar. Verlag Friedrich Oetinger: Hamburg 2007

152 Rätsel, aus: Mein Sommer-Buch. Bloomsbury Verlag: Berlin 2011

160 Verwurmter Apfel, Bilder von Ute Krause, aus: JAguar und NEINguar und Cover. Verlag Friedrich Oetinger: Hamburg 2007

99 **Maiwald, Peter:** Sonntagnachmittag (bearb.). aus: Fried, Amelie (Hg.): Ich liebe dich wie Apfelmus. cbj Kinder- und Jugendbuchverlag in der Verlagsgruppe Random House: München 2006

87 **Masurel, Claire:** Ich hab zwei Haustüren (bearb.), (Originaltitel: Ich hab euch beide lieb!), übersetzt von Irmtraut Fröse-Schreer. Brunnen-Verlag: Gießen 2007

58, **Michels, Tilde** (Text) und Reinhard Michl (Bilder) und Cover: Es
171 klopft bei Wanja in der Nacht (bearb.). Ellermann im Dressler Verlag: Hamburg 1985

136 **Mogensen, Jan:** Der freundliche Gärtner (bearb.). Carlsen: Hamburg 1998

28 **Morgenstern, Christian:** Gruselett, aus: Ein Wiesel saß auf einem Kiesel. © Lappan Verlag GmbH: Oldenburg 2011

144 **Nöstlinger, Christine:** Fernsehgeschichten vom Franz (bearb.). Bilder von Erhard Dietl. © Verlag Friedrich Oetinger: Hamburg 1994

38 **Och, Sheila:** Balaban, der Hund (bearb.), aus: Balaban Neumann, der Hund. Sauerländer: Aarau, Frankfurt a. M., Salzburg 1999

12, **Parvela, Timo:** Ella im Schwimmbad (bearb.), aus: Ella in der
171 Schule, übersetzt von Anu Stohner und Nina Stohner sowie Buchcover und CD-Cover: Carl Hanser Verlag: München 2007

168 **Pauli, Lorenz:** Eine Bibliothek wirkt Wunder (Originaltitel: Pippilothek??? Eine Bibliothek wirkt Wunder; bearb.). Atlantis Verlag: Stolberg 2011

24 **Pehnt, Annette:** Der Bärbeiß. (Originaltitel: Der Bärbeiß – herrlich miese Tage; bearb.). Carl Hanser Verlag: München 2015

37 **Prap, Lila:** Das tierische Wörterbuch (bearb.), übersetzt von Natalija Bela. NordSüd: Zürich 2006

54 **Preußler, Otfried:** Die kleine Hexe (bearb.). Thienemann: Stuttgart/Wien 1957

35 **Raf:** Mein Haustier (Originaltitel: Ich wünschte), (bearb.), aus: Toon Tellegen: Ich wünschte. Übersetzt von Birgit Erdmann. Mixtvision Verlag: München 2012

141 **Richards, Laura E.:** Eleletefonie (bearb.), Übersetzung von Henning Ahrens, aus: Susan Kreller (Hg.): Der beste Tag aller Zeiten. Weitgereiste Gedichte. Carlsen: Hamburg 2013

93 **Richter, Jutta:** Schmeckt, aus: Am Himmel hängt ein Lachen. Boje: Köln 2009

30 **Riha, Susanne:** Das kleine Eichhörnchen (Text und Bilder), (bearb.). Annette Betz: München 1990

65 **Rilke, Rainer Maria:** Advent, aus: Die Gedichte. Insel Verlag: Frankfurt am Main und Leipzig 2006

113 **Ringelnatz, Joachim:** Das Samenkorn, aus: Das Gesamtwerk in sieben Bänden. Diogenes Verlag: Zürich 1994

49 **Röckener, Andreas:** Dreizehn Drachen, aus: Mücki und Max, Heft 11/1991. Universum Verlagsanstalt: Wiesbaden 1991

26 **Schirneck, Hubert:** Windgedicht, aus: Hans-Joachim Gelberg (Hg.): Oder die Entdeckung der Welt. Beltz & Gelberg: Weinheim und Basel 1997

6, **Schomburg, Andrea** (Text) und Kai Pannen (Bilder): Klara schreibt
171 mit blauer Tante (bearb.) und Cover. © Tulipan Verlag GmbH: München 2014

130, **Schroeder, Binette:** Ritter Rüstig & Ritter Rostig (bearb.) (Text und
171 Bilder) und Cover. NordSüdVerlag: Zürich 2009

88 **Schubiger, Jürg:** Mutter, Vater, ich und sie (U4-Text). Beltz & Gelberg: Weinheim und Basel 1997, 2001

62 **Schweiggert, Alfons:** Die Geschichte vom beschenkten Nikolaus, aus: Rolf Krenzer: Weihnachten ist nicht mehr weit. Lahn Verlag: Limburg 1986

82, **Seuss, Dr.:** Jeder Tag hat eine Farbe (Auszug), deutsche Fassung
171 von Uli Blume, Bilder von Steve Johnson und Lou Fancher und Cover. © für die deutschsprachige Ausgabe: C. Bertelsmann Jugendbuchverlag, ein Unternehmen der Verlagsgruppe Random House GmbH: München 1997

Fotos und Bilder

Auflösungen

Seite 8	Brot-Dose, Haus-Meister, Wasser-Farben
	Aus Tinte wird Tante.
Seite 22	Aus Wind wird Kind.
Seite 34	Aus Katze wird Kotze.
Seite 35	IGEL, EGEL, SAU, MAUS, HUND
Seite 48	SIMSALABIM HOKUSPOKUS DREIMAL SCHWARZER KATER
Seite 49	Aus Wolke wird Wolle.
Seite 60	Aus Kerzen wird Herzen.
Seite 74	Aus Uhr wird Ohr.
Seite 84	Aus Fisch wird Tisch.
Seite 98	Aus Pferd wird Herd.
Seite 109	Aus Rose wird Hose.
Seite 120	Aus Möwe wird Löwe.
Seite 132	Aus Wiese wird Riese.
Seite 140	Bild-Schirm, Computer-Maus, Hör-Spiel
	FLIMMERKISTE, GLOTZE
Seite 141	Der Elefant ruft Paula Pirelli an.
	Aus Glatze wird Glotze.
Seite 142	A: Laura an Mama, B: Luca an Alek, C: Alek an Mama,
	D: Oma an Papa, E: Mama an Alek, F: Papa an Luca und Laura
Seite 152	„Schachtwacke" ist im Harz ein Ausdruck für Butterbrot.
	(Antwort b)
	Rätsel: Ferientage
	Aus Tonne wird Sonne.
Seite 162	Aus Wurm wird Turm.
Seite 163	Wenn du deinen Büchereiausweis verloren hast,
	sagst du sofort in der Bücherei Bescheid und
	lässt ihn sperren. (Antwort C)

Jo-Jo

Lesebuch 2

Erarbeitet von	Katja Eder, Silke Fokken, Tanja Glatz, Manuela Hantschel, Nicola Kiwitt
Unter Einbeziehung der Ausgabe von	Katja Eder, Silke Fokken, Erna Hattendorf, Martin Wörner
Beratung von	Stephanie Aschenbrandt (Berlin), Rosemarie Bauer (Offenburg), Katharina Böer (Wedemark), Gabriele Janyska (Gütersloh), Katharina Mowitz (Detmold), Monika Reiff (Tübingen), Constanze Velimvassakis (Bühl), Nicole Wolters (Mönchengladbach)
Redaktion	Dr. Birgit Waberski
Illustrationen	Thorsten Droessler, Pe Grigo, Imke Sönnichsen
Umschlagillustration	Barbara Jung
Gesamtgestaltung und technische Umsetzung	Heike Börner

www.cornelsen.de

Soweit in diesem Lehrwerk Personen fotografisch abgebildet sind und ihnen von der Redaktion fiktive Namen, Berufe, Dialoge und Ähnliches zugeordnet oder diese Personen in bestimmte Kontexte gesetzt werden, dienen diese Zuordnungen und Darstellungen ausschließlich der Veranschaulichung und dem besseren Verständnis des Inhalts.

Die Webseiten Dritter, deren Internetadressen in diesem Lehrwerk angegeben sind, wurden vor Drucklegung sorgfältig geprüft. Der Verlag übernimmt keine Gewähr für die Aktualität und den Inhalt dieser Seiten oder solcher, die mit ihnen verlinkt sind.

1. Auflage, 5. Druck 2019

Alle Drucke dieser Auflage sind inhaltlich unverändert und können im Unterricht nebeneinander verwendet werden.

Druck: Mohn Media Mohndruck, Gütersloh

ISBN 978-3-06-080668-3
ISBN 978-3-06-081062-8 (E-Book)

PEFC zertifiziert
Dieses Produkt stammt aus nachhaltig bewirtschafteten Wäldern und kontrollierten Quellen.
www.pefc.de
PEFC/04-31-1033